베이비부머의
추억일기

베이비부머의 추억일기

1판 1쇄 인쇄 | 2013년 7월 1일
1판 1쇄 발행 | 2013년 7월 5일

지은이 | 김동섭
주　간 | 정재승
기　획 | 안민혁
교　정 | 한복전
디자인 | 배경태, 이주연
펴낸이 | 배규호
펴낸곳 | 책미래

출판등록 | 제2010-000289호
주　소 | 서울시 마포구 공덕동 463 현대하이엘 1728호
전　화 | 02-3471-8080
팩　스 | 02-6353-2383
이메일 | liveblue@hanmail.net

ISBN 979-11-85134-01-7　03810

• 이 책에 실린 글과 그림의 무단 전재와 무단 복제를 금합니다.

국립중앙도서관 출판시도서목록(CIP)

> 베이비부머의 추억일기 / 지은이: 김동섭. -- 서울 : 책미래, 2013
> 　　p. ; cm
>
> ISBN 979-11-85134-01-7 03810 : ₩13000
>
> 일기(기록)[日記]
> 베이비붐 세대 [--世代]
>
> 041-KDC5
> 089.957-DDC21　　　　　　CIP2013009611

베이비부머의 추억일기

김동섭 지음

책미래

글을 시작하며

　서양인들의 조상인 게르만족, 즉 바이킹족은 지금의 북유럽에 거주하고 있었다. 추운 날씨와 척박한 토양 그리고 많은 인구, 이러한 생활 환경은 그들을 해양 민족으로 거듭나게 만들었다. 그들은 생존하기 위해 가정 내에서도 혈투를 벌였으며, 조금 더 따뜻한 땅을 찾아 남쪽으로 뱃머리를 돌렸다. 그렇게 바이킹은 새로운 세계를 발견했고, 진취적인 해양민족으로 성장했다.

　내가 초등학교를 다니던 시절에는 학교마다 아이들로 넘쳐났는데, 우리는 그런 교육 환경을 당연한 것으로 받아들였다. 우리 세대만 이런 것은 아니겠지, 이전 세대에도 그랬을 것이라고 생각하고 학교를 다녔다. 그러나 나중에 안 사실이지만 나와 비슷한 시기에 학교를 다녔던 사람들이 태어난 1955년부터 1963년까지 한국은 인구가 폭발적으로 증가한 시기였다. 훗날 사람들은 이 기간에 태어난 우리를 베이비부머라고 불렀다. 본래 이 말은 2차 세계 대전 이후 미국에서 태어난 세대를 가리켰는데, 한국의 경우 한국 전쟁이 끝나고 2년 뒤부터 폭발적으로 인구가 증가했던 세대를 가리킨다.

사람이 많으면 일단 경쟁이 치열해진다. 미국처럼 승전의 열매를 거둔 나라 같으면 폭발적으로 증가한 인구를 부양할 수 있지만, 36년간의 식민 지배가 끝난 지 얼마 되지 않아 다시 동족간의 전쟁으로 국토가 폐허가 된 나라에서는 그 경우가 다르다. 옛날 바이킹족처럼 형제간에 치열한 경쟁을 하던가, 아니면 새로운 땅을 찾아 바깥세상으로 나가야 한다.

우리가 태어난 시기의 한국은 바로 그런 나라였다. 일단 식량이 자급자족되지 않는 나라였으며, 그나마 있던 생산 시설은 전쟁으로 잿더미가 되었으며, 미국의 원조 없이는 제대로 연명조차 할 수 없는 나라였다. 요즘 아이들에게 한국 전쟁 직후 먹었던 '꿀꿀이죽'에 대해 얘기를 하면 기절초풍을 할 것이다. 하지만 그것이 우리의 현실이었다. 어떻게든 살아야하는 것이 인간의 운명이다.

그러나 우리 한민족은 잡초 같은 기질이 있나 보다. 중국의 속국 아닌 속국으로 수천 년을 살아온 질긴 생명력이 베이비부머 세대를 낳아준 세대에게 면면히 흘렀던 것이다. 우리의 부모님 세대는 억척스럽게 자식들을 교육시켰고, 해외로 외화를 벌러 나갔으며, 조국 근대화의 전사가 되었다. 그런 모습을 보면서 자란 베이비부머들은 정신없이 이 나라의 근대화를 위해 앞만 보고 달렸다.

그러던 베이비부머 세대가 역사의 전면에서 내려와야 하는 시점이 왔다. 전근대적인 부모 세대와 신인류적인 자식 세대에 낀 세대가 이제는 새로운 세대에게 바통을 넘겨줘야할 순간이 온 것이다. 그런데 뭔가 허전하다. 우리가 지나온 발자취는 어디에서 찾을 수 있는가? 이런 질문이 뇌리에서 떠나지 않았다. 게다가 우리가 살던 시대의 의식주 문화는 지금은 거의 다 사라졌기 때문에 박물관에 가지 않으면 추억조차 떠올릴 수 없다.

이 책은 베이비부머들이 날마다 기록한 일기장이라고 할 수 있다. 우리가 어떤 환경에서 살았으며, 어떤 시대를 보냈는지 나와 같은 시대를 살았던 사람들과 공감하고 싶었다. 우리가 잊고 살았던 것들을 하나씩 기억에서 끄집어내어 '아, 이때는 이랬지~'라는 말을 듣고 싶었다. 그리고 우리의 자식 세대에게도 꼭 우리가 살았던 얘기를 들려주고 싶었다.

현재의 기억은 조금 지나면 과거의 추억으로 쌓인다. 그러나 시간이 많이 흐르면 그 추억을 찾아내기가 어렵다. 그런 분들에게 이 책을 드린다.

이 책을 모든 베이비부머들에게 바친다. 그리고 이 책이 베이비부머 세대와 그 시대를 이해하지 못하는 신세대를 이어주는 교량이 되길 바란다. 끝으로 같은 시대를 살면서 그 시대의 많은 이야기를 함께 나눈 아내 권희원에게 이 자리를 빌어 고마움을 전한다.

2013년 5월 서빙고(西氷庫)에서
김 동 섭

CONTENTS

글을 시작하며   5

1장 샌드위치 세대, 베이비부머

추억의 일기장	17
추억의 시작	18
북촌 기행 1, 원서동	20
북촌 기행 2, 계동과 재동	30
북촌 기행 3, 가회동	34
북촌 기행 4, 낙원동	38
북촌 기행 5, 삼청동	40
유치원에 가다	50

2장 학교종이 땡땡땡

베이비부머, 국민학교에 입학하다	61
사라진 학교들	66
우리 시대의 먹거리 1: 떡볶이, 뽑기, 번데기, 삼립 크림빵, 엿치기	68

우리 시대의 먹거리 2: 쌀밥, 담북장, 마늘종장아찌,
고추장 장떡, 고기완자, 콩나물국, 아욱죽   76
우리 시대의 먹거리 3: 멍게, 해삼   79
혼식 장려와 통일벼   81
교통수단들   83
소풍   89
놀이 문화 : 다방구, 말타기, 비석치기,
사방치기, 구슬치기   92
최고의 오락, TV   100
TV 속의 정글, 프로레슬링   103
만화 키드   105
헐리우드 키드   111
클리프 리처드   117

3장 "박ㅇㅇ! 넌 회충!"

아날로그 시대의 추억, 다이얼 전화   123
쓰레기를 치우는 '소녀'   126

CONTENTS

공포의 봉투	129
머리카락 파이소!	132
월드컵 키드	135
콩나물 교실	137
친구여 안녕!	142
아빠하고 나하고 만든 꽃밭에	145
추억의 음악 시간	148
먼저 간 친구들	152
남북통일이 되는 줄 알다	154
북한은 국가인가?	156

4장 검정 교복과 모자

중학교에 들어가다	163
군사 문화에 젖기 시작하다	165
개헌만이 살길이다!	169

드디어 버스 타고 수학여행 가다	174
연합고사	177
타이밍 먹고 공부하다!	179
1977년, 고등학교 입학	181
고교얄개	184
강남으로 이사가다!	188
대치동에서 모내기를 하다	194
광화문 연가	197
서울의 봄	199
글을 마치며	201
에필로그, 아버지	206

옛날 사진을 보며   211

1장
샌드위치 세대, 베이비부머

추억의 일기장

일기를 마지막으로 썼던 때가 아마도 대학교 1학년 때였던 것으로 기억한다. 초등학교 시절, 물론 우리가 학교에 다니던 시절에는 '국민학교'라고 불렸지만, 일기는 귀찮은 숙제였기 때문에 중고등학교 시절부터는 더 이상 일기를 쓰지 않았다. 그리고 많은 시간이 흘렀다. 어른들이 세월은 화살과 같다고 말해도 나에게 시간이란 항상 하루 24시간을 꽉 채워 천천히 돌아가는 것처럼 보였다.

하지만 큰 애가 군인이 된 지금 내 나이를 돌아보니 어느새 오십이 넘어 있었다. 그동안 직장인 대학에서 항상 젊은 학생들과 생활하다 보니 나 자신의 나이도 학생들과 함께 머물러 있다고 착각했던 것 같다. 어쨌든 문득 이제는 뭔가 써보고 싶은 생각이 들었다. 기성세대의 끝자락을 살아온 사람으로서 당시에 체험했던 것들을 정리해 보고 싶은 생각도 이 글을 쓰는 데 한몫했다. 더욱이 내가 지나온 시절은 우리나라의 근대화와 맞물려 있고, 그 기간 동안 세상은 정말 많이도 변하지 않았던가?

몇 해 전부터 베이비부머 세대의 퇴직이 시작되었다고 언론에서 앞 다투어 보도하고 있다. 그 기사를 보니 우리가 초등학교에 다니던 시절에 왜 그렇게 애들이 많았는지 이해가 되었다. 베이비부머 세대를 자조하는 말 중에 이런 말이 있다. "우리 세대는 부모님께 효도를 드렸던 마지막 세대인 동시에 자식들로부터 효도를 받지 못하는 첫 번째 세대일 것이다." 이 말을 들을 때마다 우리 세대가 샌드위치 세대라는 말에 공감이 간다.

이제부터 쓰려는 이야기는 그저 베이비부머 세대의 신변잡기로 봐 주기 바란다. 이 글을 통해 단지 우리가 어떻게 유년 시절을 보냈으며, 중고등학교를 다니던 시절에는 무슨 일들이 우리 주변에서 벌어지고 있었는지 기억의 끈을 하나씩 더듬어 보려고 한다.

추억의 시작

내가 태어난 해는 1961년으로 신축(辛丑)년이다. 잘 알다시피 이 해는 박정희 소장이 군사 쿠데타를 일으켜 정권을 잡은 해이다. 해방둥이 혹은 4·19둥이처럼 우리는 5·16둥이로 태어났다.

아버지는 나보다 딱 마흔 살이 많으셨다. 그래서 나이 세기가 편했다. 내가 열 살이면 아버지는 쉰 살, 내가 스무 살이면 아버지는 예순 살이셨다. 아버지는 전형적인 농촌에서 태어나셨는데 부모덕은 못 보셨다. 할아버지께서 돈을 번다고 일본으로 떠나셨기 때문이다. 바로 밑의 동생인 작은아버지께서 아버지보다 무려 열아홉 살이나 적은 것으로 봐서 할아버지는 일본에서 돌아오실 생각이 없었던 것 같다. 게다가 일본 여인 사이에 두 명의 딸까지 있었다고 한다. 할아버지께서 귀국한 뒤에 그 일본 여인은 구구절절한 편지를 할아버지께 보냈는데 할머니는 그 편지를 아궁이 불쏘시개로 썼다고 들었다.

유년기와 청년기를 홀어머니 밑에서 보내신 아버지는 지금 생각해도 참 효자이셨던 것 같다. 내가 초등학교 5학년 때 할머니께서 돌아가셨는데, 그때까지 아버지는 할머니를 극진히 모셨다. 고생하며 당신을 공부시켜 주신 어머니에 대한 당연한 보답이었을 것이다.

베이비부머 세대인 우리에게 아버지는 엄한 가부장 그 자체였다. 아버지께서 퇴근하실 무렵이면 우리는 섬돌 위에 어지럽게 놓여 있던 신발들을 정리하는 것이 일과였다. 만약 그렇지 않으면 아버지의 불호령이 떨어졌기 때문이다. 아버지는 경찰 공무원 생활을 오래하신 분답게 집안에서도 항상 절도 있는 생활을 요구하셨다.

아버지와는 반대로 어머니는 늘 자상하셨다. 가부장적인 남편에 맞춰 사시다 보니 그랬을 것이다. 하지만 여덟 남매의 맏딸로서 친정의 동생들을 키우다시피 하셨던 어머니는 늘 자신보다는 가족을 먼저 생각하는 분이셨다.

이제부터 내가 살던 서울의 북촌(北村)에 대하여 이야기하려고 한다.

지금은 한류의 바람을 타고 일본 관광객이 즐비한 관광지가 되어 버렸지만 어린 시절 북촌은 내게는 잊지 못할 고향과 같은 곳이었다.

북촌 기행 1, 원서동(苑西洞)

나는 청주(淸州)에서 태어났지만 네 살 때 서울로 이사를 오는 바람에 청주에 대한 기억은 아쉽게도 거의 없다. 위로 누나들만 세 명이 있는데 청주에서 중학교까지 다녔던 큰 누님만 청주에 대한 기억이 많다.

우리 가족이 서울에 이사 와서 처음으로 정착한 곳은 북촌 원서동(苑西洞)이었다. 내가 네 살이었으니 1964년 봄이었다. 당시 이사하고 나서 대청마루에서 찍은 흑백 가족사진이 한 장 남아 있는데, 아버지는 네 살된 나를 무릎 위에 안고 계신다.

북촌 원서동은 전형적인 한옥촌이었다. 어렸을 적 '휘문'이라는 발음이 어려워서 '신문' 고등학교로 알고 있었던 휘문 고등학교가 원서동에 있었다. 원래 원서동은 상궁들이 많이 기거하던 동네였다고 한다. 아마도 창덕궁 옆에 있으니 그랬을 것이다. 어쨌든 나는 좁은 골목길이 미로처럼 얽혀 있던 원서동에서 유년 시절을 보냈다.

원서동의 이름에서도 알 수 있듯이 원서동은 비원(秘苑)의 서쪽에 있는 동네이다. 원남동이 비원의 남쪽 동네라는 뜻으로 만들어진 것과 같은 이치이다. 본래 비원이란 명칭이 처음 등장하는 해는 1903년이라고 하니 일제가 조선 정궁의 후원을 격하하기 위해 비원이라는 명칭을 만들었다는 주장은 설득력이 떨어진다.

초등학교 2학년까지 살았던 원서동 집이 지금도 그대로 남아 있다. 몇 년 전에는 점집이었는데 2012년 가을에 찾았더니 국수집으로 바뀌어 있었다. 현대그룹이 휘문고를 매입하고 사옥과 공원을 조성하느라 원서동의 많은 집들이 사라졌다. 위의 집도 주변은 다 잘려 나갔지만 운 좋게 살아남아서 필자에게 어린 시절에 대한 추억을 떠올리게 해준다.

돈화문을 마주보고 왼편 길을 따라 올라가면 오른쪽은 창덕궁의 담이 이어져 있고 왼쪽에는 기와집들이 이마를 맞대고 있었다. 간혹 2층 양옥집들도 있었지만 대부분의 집들은 한옥이었다. 내가 살던 1960년대의 원서동은 크게 윗동네와 아랫동네로 구분되어 있었다. 남쪽에 위치한 아랫동네는 비교적 번듯한 기와집들이 많았지만 북쪽의 윗동네는 그렇지 않았다. 지금은 이곳에 다가구 주택들이 많이 들어섰지만 예전에는 서울에서 흔히 볼 수 있는 달동네였다. 어린 시절, 그 동네는 감히 지나다닐 수 없는 금단의 지역과 같은 곳이었다.

먹고살기 힘든 시절이라서 그랬을까? 우리 어린 시절에는 거친 아이들이 주위에 많았는데 힘든 시절을 보내다 보니 자연스럽게 애나 어른이나 모두 거칠어졌을 것이다. 원서동 윗동네에는 '칠칠로'라고 불리던 동네가 있었는데, 이곳은 거친 아이들이 많아서 우리 같은 조무래기들이 감히 발도 들여놓을 수 없는 곳이었다.

원서동의 터줏대감은 휘문 고등학교였는데 개인적으로 나와 인연이 많다. 내가 안국동의 중동 중학교를 졸업하던 1977년에 이 학교에 입학했기 때문이다. 코흘리개 시절부터 뛰놀던 학교에 입학을 했던 것이다. 휘문고에 대해서는 할 이야기가 많은데 나중에 차차 하겠다.

지금의 북촌에서 원형을 가장 많이 잃어버린 동네가 원서동이다. 그 이

주한미군으로 복무했던 닐 미샤로프(Neil Mishalov) 씨가 1969년에 찍은 돈화문의 모습. 왼편에 매표소가 보이지만 문 앞의 월대는 아스팔트에 묻혀 버렸다. 어린 시절에는 저 모습이 원래의 모습이라고 생각했다.

2012년 가을의 돈화문 모습. 월대를 복원하고 매표소도 철거했다. 아스팔트로 덮여 있던 정궁의 앞마당이 제 모습을 되찾았다.

유는 원서동의 상당 부분을 차지하고 있던 휘문고가 강남의 대치동으로 이전했기 때문이다. 그때가 1978년이었는데, 나는 1977년 1학년을 원서동 교정에서 보내고 그 다음 해부터는 강남구 대치동에서 학교를 다녔다. 그때는 강남이라는 말보다 '영등포의 동쪽'을 뜻하는 '영동(永東)'이라는 말을 주로 사용했다. 지금도 강남 고등학교는 없어도 영동 고등학교는 있지 않은가?

휘문고가 이사를 간 원서동 일대는 현대그룹이 들어오면서 동네의 모습이 많이 변했다. 휘문고 교사 자리에는 현대그룹 사옥이, 그리고 주변에는 원서공원이 들어섰고, 초등학교 시절의 친구 집들은 대부분 한식당으로 변했다. 우리 집도 예외는 아니었다. 두 번째 살던 집은 칼국수 집으로 바뀌었고, 첫 번째 살던 집은 점 보는 집으로 바뀌었다. 칼국수 집에는 두 번 가 보았는데 내가 고등학교와 대학시절을 보내던 문간방은 손님들이 식사하는 방으로, 마당은 지붕을 덮어 입식 거실이 되어 있었고, 안방은 단체 손님들의 식사 공간이 되었다. 이럴 때 정말 기분이 묘하다. 어린 시절의 집은 그대로 있는데 옛 추억만 쏙 뺏어간 기분이다. 아예 다른 용도로 재개발되었으면 머릿속에서도 아름다운 옛 추억으로 남으련만······.

지금도 원서동 일대를 둘러보면 애틋한 추억에 빠진다. 이 집에는 누가 살았고 저 집에는 누가 살았고, 저기는 본래는 연탄가게였는데······. 하지만 시간은 본래 멈추지 않고 흘러가는 것이 아니던가? 자식까지 삼켜 버린 크로노스(Kronos)로부터 '시간'이라는 말이 만들어졌다고 하는데, 이처럼 시간 앞에서는 모든 것이 묻혀 버리는가 보다. 우리 같은 베이비부머들에게 시간 여행은 옛 추억을 살려주는 소중한 여행이다.

사람은 추억을 먹고 산다고 하지 않던가? 그래서 지금도 1년에 몇 번씩 아이들을 데리고 아빠가 살던 동네를 구경시켜 주지만 아이들에게 이런 외출은 전혀 감흥을 주지 않는다. 단지 집사람만 내 편이 되어 줄 뿐이다.

원서동에 살던 시절, 내 최고의 전성기는 초등학교 6학년 시절이다. 10월 유신이 공포되고 1년 후인 1973년, 나는 친구들과 주변 궁궐을 섭렵하고 다녔다. 지금으로 말하면 초등학교 학생들의 '나의 문화유산답사기'라고 할까? 원서동은 비원과 인접한 동네였기 때문에 길이 궁궐 담을 따라 이어져 있었고, 윗동네로 올라갈수록 궁궐 담은 가옥들과 붙어 있었다.

어느 날 비원으로 월담하려는 초등생들에게 적당한 집이 눈에 들어왔다. 그 집은 계단 위에 대문을 만들었기 때문에 대문의 높이가 비원 담과 별로 차이 나지 않았다. 게다가 그 문이라는 것이 일종의 덧문이었기 때문에 항상 열려 있었다. 우리는 문을 통해 남의 집에 들어갔고 바로 월담을 했다. 그런데 넘기 전의 담은 낮았지만 뛰어내린 비원 쪽의 담 높이는 어른 키를 넘을 정도였다. 내 키가 중학교 2학년 때 150센티미터 정도였

두 번째 살았던 원서동의 한옥. 지붕은 전형적인 한옥이지만 집은 양옥으로 지은 독특한 집이었다. 지금 주인은 지붕을 받치던 빗물받이를 다 걷어 냈다. 그리고 거실 외벽은 통유리로, 목욕탕이었던 공간은 커피가게로 바꾸었다. 주거 공간이 영업집으로 바뀐 결과 집모양은 엉망이 되었다. 주변의 집들은 모두 헐려 어린 시절의 추억도 덩달아 사라졌다. 뒤에 보이는 큰 양옥집은 40년 전에도 있었는데 가보니 사람이 살지 않고 있었다. 저 집에 살던 할머니의 얼굴이 지금도 생각나는데…….

옛날 집 앞에서 바라본 창덕궁의 모습. 제일 큰 전각이 창덕궁의 정전(正殿)인 인정전(仁政殿)이다. 지금 보니까 이렇게 멋있는 곳에서 초등학교와 대학교를 다녔는데 왜 그때는 몰랐을까? 당시에는 어서 이 집을 팔고 강남의 아파트로 이사를 가는 것이 소원이었다. 소중한 것이 바로 우리 옆에 있었는데 그것을 모르고 산 것은 우리 것에 대한 경시 때문은 아니었을까? 길이 예전에 비해 세 배는 넓어졌다. 왼쪽에 있던 집들은 아쉽게도 다 사라졌다.

으니 그 시절의 모습을 짐작하고도 남을 것이다. 어린 것들이 겁도 없이 월담을 하고 다녔으니…….

비원에 들어온 우리는 울창한 비원의 숲에서 제집인양 마음껏 뛰어놀았다. 당시 비원에는 스케이트장, 심지어 프로레슬링 연습장까지 있었으니 문화재에 대한 인식이 지금과는 많이 달랐던 시절이었다. 비원에서 노는 것이 싫증이 나면 우리는 바로 옆의 창경원으로 들어갔다. 창경원도 창경궁을 격하시키기 위해 일제가 지은 이름이었지만 당시에는 다들 그렇게 불렀다.

어린 시절의 창경원은 동물원과 놀이기구 그리고 벚나무가 가득한 종합 놀이동산이었다. 창경원으로 들어가는 방법은 비원으로 월담할 때보다 덜 위험했다. 비원과 창경원 사이의 문 밑으로 개구멍 같은 것이 있었는데, 우리는 낮은 포복으로 가뿐히 통과했다. 창경원에는 회전목마 같은 놀이기구들이 많았지만 초등학생들이 무슨 돈이 있었겠는가? 다만 남들이 재미있게 타는 모습만 봐도 즐거웠던 시절이었다.

1974년 제52회 어린이날에 무료 개방된 창경원의 놀이동산. 당시로서는 서울에 하나뿐인 놀이동산이었다. 뒤편의 건물은 국립과학관이다.

창경원에서 마음껏 구경을 한 다음 우리는 마음도 차분히 가라앉힐 겸 종묘로 발을 돌렸다. 지금 생각해 보면 일제가 우리 문화유산을 정말 심하게 훼손했다는 생각이 든다. 알다시피 창경궁과 종묘는 본래 같은 담으로 둘러싸인 궁궐이었는데 일제강점기 때 원남동 쪽으로 율곡로를 내면서 창경궁과 종묘를 두 동강 내버렸다. 그래서 창경궁과 종묘 사이에는 일본식 구름다리가 놓여 있었다. 우리가 택한 길은 바로 이 구름다리. 창경원에서 이 구름다리를 통하면 종묘로 들어간다. 지금은 일본식 구름다

원남동 사거리에서 바라본 율곡로. 1969년의 모습이다. 왼쪽이 종묘이고 오른쪽이 창경궁이다. 일제강점기 때 조선의 궁궐과 역대 왕들의 신위를 모신 종묘를 관통하는 길을 내었다. 당시 명물이던 삼륜차와 코로나 택시도 보인다.

2012년 가을. 창경궁과 종묘를 연결시키는 공사가 한창 진행 중이다. 일제강점기 때 훼손된 것을 이제야 제 모습으로 복원하게 되었다. 예전에 있었던 원남동 고가도로는 이미 철거되었다.

리를 허물고 창경궁과 종묘를 잇는 복원공사가 한창 벌어지고 있다. 하지만 어린이들에게 종묘는 마음껏 뛰놀 수 있는 비원도, 동물 구경을 할 수 있는 놀이동산도 아니었다. 세계적인 건축가 프랭크 게리(Frank Gehry)가 동양의 파르테논이라고 극찬했던 말 그대로 '침묵의 정전'이 아니던가? 우리 같은 어린이들에게 종묘는 관심 밖이었다. 우리는 종묘 정문을 통해 나와 다시 원서동 집까지 터벅터벅 걸어오면서 서로의 무용담을 자랑하였다. 지금 아이들이 학원버스를 타고 이 학원 저 학원 다닐 때 우리는 비원의 숲속에서 마음껏 달리고, 창경원 놀이동산에서 놀았던 것이다. 40여 년 전의 아이들이 놀던 모습과 지금의 아이들이 놀던 문화는 이렇게 달랐다.

북촌기행 2, 계동(桂洞)과 재동(齋洞)

원서동에 터줏대감으로 휘문 고등학교가 있었다면 계동에는 중앙 고등학교가 있었다. 두 학교 모두 명문 사학이지만 학풍은 조금 달랐다. 휘문에는 주로 당시 장안 명문가의 자제들이 많이 다녔던 반면, 중앙에는 민족의식이 투철한 집안의 자제들이 많았다고 한다. 1920년대 조선 최고의 갑부이자《훈민정음 해례본》을 지켜낸 간송(澗松) 전형필(全鎣弼) 선생 같은 분들이 휘문을 다녔다.

원서동에서 계동으로 가려면 나지막한 고개를 하나 넘어야 하는데 고갯마루 근처에 초등학교 동창이 한 명 살고 있었다. 초등학교 6년 동안 남자아이들은 대개 한 번은 같은 반을 하기 마련이다. 하지만 계동 고갯마루에 살던 친구와는 한 번도 같은 반을 한 적이 없었다. 그래도 6년을 함께 다녔고 그 친구의 친구들이 내 친구였기 때문에 서로 마주치면 씩 웃고 지나치는 사이였다. 그런데 그 친구는 특별한 집안의 아이였다. 그 친구의 외할아버지가 바로 몽양(夢陽) 여운형(呂運亨) 선생이셨다. 어린 시절 저 집안의 어른이 훌륭한 분이라는 주변의 말은 들었어도 어떤 분인지는 자세히 몰랐다. 몽양의 집은 휘문고보 바로 뒤에 있었는데, 해방 후 몽양은 휘문고보 운동장에서 첫 대중 연설을 했다. 지금도 이 사진은 한국의 근현대사에서 빼놓을 수 없는 사진 중의 하나이다.

지금은 재동 네거리에서 삼청동 감사원으로 올라가는 길이 왕복 4차선으로 확장되었지만 예전만 해도 지금의 계동길처럼 좁은 길이었다. 재동 네거리에서 조금 올라가다 보면 왼편에 창덕여고가 있었는데, 1980년대 말 둔촌동 올림픽 공원 근처로 이사를 갔다. 본래 창덕여고 자리에는 경기여고가 있었는데 경기여고가 신문로로 이사를 가는 바람에 창덕여고가 들어왔다고 한다. 그 뒤 경기여고도 미국 대사관에 자리를 물려주고 지금은 개포동으로 이사를 갔다. 우리가 학창시절을 보냈던 학교들이 거의 대부분 강남으로 이사를 간 것이 못내 아쉽기만 하다. 우리의 추억도 함께 가지고 가버렸기 때문에…….

　창덕여고를 지나면 오른쪽에 나의 모교 재동 초등학교가 보인다. 어린 시절의 대부분을 여기에서 보냈고 그 추억도 거기에 쌓여 있다. 지금은 정문이 남쪽으로 나 있지만 우리가 다닐 때는 서쪽으로 나 있었다. 운동장의 일부가 도로 확장에 밀려 그 크기가 작아졌지만 어린 시절의 운동장은 정말 넓었다. 아마도 어린 시절의 운동장을 어른이 되어 다시 찾은 사람들이 느끼는 공통된 느낌일 것이다.

　베이비부머들은 초등학교 시절 하면 먼저 콩나물 교실이 떠오를 것이다. 우리가 졸업할 때는 한 반의 정원이 80명을 넘었다. 아이들이 많다보니 당시의 교실을 '콩나물 교실'이라고 불렀다. 요즘 아이들은 시루에서 콩나물이 자라는 것을 못 보았으니 '콩나물 교실'이 무슨 뜻인지 모를 것이다. 게다가 2학년 말에는 이웃의 삼청 초등학교가 폐교되는 바람에 3학년까지 2부제 수업을 했다. 지금으로서는 상상할 수 없었던 교육 환경이다. 그래도 그 시절의 추억은 왜 그립기만 할까?

　학교 정문을 들어서면 왼쪽에 큰 버드나무가 한 그루 있었는데 지금은 그 버드나무를 찾아볼 수가 없다. 꽃가루를 많이 날리는 주범으로 찍혀서 많이 없어졌다고 한다. 어쨌든 어린 시절을 들려줄 수 있는 추억의 편린들이 이런 저런 이유로 다 사라졌다.

 우리가 입학할 때는 다섯 반이었던 학급 수가 졸업할 때는 여덟 반으로 늘어나 있었다. 북촌에 살던 부모님들의 생산 능력이 월등했기 때문이었을까? 사실은 좋은 중학교를 찾아 5학년부터 늘어난 전학생들 덕분이었다. 하지만 당시 정부도 급격한 인구증가의 문제에 대해 공감하고 있었는지 우리가 초등학교에 다니던 시절에는 '둘만 낳아 잘 기르자'라는 표어가 전국 방방곡곡에 붙어 있었다. 심지어 '덮어 놓고 낳다 보면 거지꼴을 못 면한다'라는 조금은 과격한 표어가 있을 정도였다. 내 나이 또래가 집안에서 막내인 경우 대개 다섯 형제 정도는 되었고, 장남이면 두세 명의 형제가 있던 것이 당시의 상황이었다. 우리 집은 전자에 속했기 때문에 괜히 후진국형 가정 같은 생각이 들었다. 결과적으로 산아 제한의 프로파간다가 애꿎은 초등학생의 가슴을 무겁게 만들었다.

 재동 초등학교에서 보낸 6년의 추억은 내게 소중히 남아 있다. 졸업한 지 40여 년이 지난 지금에도 당시의 친구들을 만나면 어느덧 기억은 1960년대 말부터 1970년대 초반의 타임라인으로 달려간다. 머리는 벗겨지고 흰머리는 수두룩해도 우리는 금세 어린 시절의 친구로 돌아간다. 배불뚝이에 대머리 초등학생이라……

북촌기행 3, 가회동(嘉會洞)

　요즘의 가회동은 외국인 관광객으로 넘쳐난다. 게다가 재동 네거리에서 감사원으로 올라가는 길도 왕복 4차선으로 넓어져 예전의 정취는 많이 사라졌다. 아버지는 3학년 때 가회동으로 이사를 가려는 생각을 가지셨던 것 같다. 아버지께서 가회동으로 이사를 가시려고 했던 이유는 아버지의 당숙께서 가회동에 사셨기 때문이 아닌가 싶다. 아버지의 당숙이면 내 할아버지와는 사촌지간의 어르신이다. 족보를 따져 보니 나에게 6촌 할아버지에 해당하는 재종조(再從祖)이시다. 그런데 문제가 하나 있었다. 그 할아버지의 막내아들이 나와 나이가 같았다. 옛날이라 자식을 많이 두던 시절에 생길 수 있는 일이었다. 그래서 초등학교 동창인 그 '아저씨'는 우리 아버지를 '형님'이라고 불렀다. 족보대로 하면 나도 같은 학년 동기를 '아저씨'로 불러야 했다. 하지만 지금도 아저씨란 말은 입에서 나오지 않는다.

　각설하고 우리는 가회동으로 이사를 가지 않았고 원서동의 다른 집으로 이사를 했다. 하지만 많은 초등학교 친구들이 가회동에 살았기 때문에 가회동은 매우 익숙한 동네였다. 게다가 우리의 놀이터인 삼청 공원에 가려면 가회동을 지나가야 했기 때문에 가회동의 지리는 훤한 편이었다.

지금도 가회동에는 큰 저택들이 많다. 특히 감사원 근처에 가까워질수록 큰 집들이 많은데 우리가 초등학교 다닐 때도 그랬다. 어릴 때 친했던 친구 한 명도 바로 그 동네에 살고 있었다. 5학년 때였다. 하루는 학교 놀이터에서 그 친구와 놀고 있었는데 내게 다가와 큰 비밀을 말해 줄 것이 있다고 했다. 그러면서 하는 말이 자기 아버지가 유명한 재벌 총수 아무개라는 것이었다. 나는 반신반의했지만 사실이었다.

그 후 초등학교를 졸업하고 그 친구의 소식을 들을 수가 없었는데 고등학교에서 다시 만났다. 그리고 우리는 2년 동안 같은 반에서 공부를 했지만, 그 친구는 초등학교 시절의 발랄한 장난꾸러기가 아니었다. 지금 생각해도 2년 동안 그 친구가 제대로 이야기하는 것을 별로 본 적이 없다. 내가 먼저 그 친구에게 다가가서 친구의 아픈 마음을 어루만져 주었어야 했는데 지금 생각하니 후회가 된다.

그 친구를 다시 본 것은 대학에 들어가서였는데 프랑스 문화원에 여자 친구와 영화를 보러 왔다고 했다. 그 뒤로 그 친구는 미국으로 떠났고, 지금도 북촌에 살고 있는 다른 친구의 이야기를 들으면 그 친구는 가끔 한국에 어머니를 뵈러 오는데 친구들에게 연락은 하지 않는다고 한다. 어린 시절, 아픈 추억 중의 하나이다.

1966년 북촌의 어느 골목길. 사진의 제목은 '서울의 골목길'. 어린 시절 많이 다녔던 골목처럼 보였다. 자세히 보니 골목 끝 대로에 낯익은 건물이 하나 눈에 들어온다. 바로 재동 네거리 근처의 창덕여고 건물. 본래는 경기여고 자리였는데 경기여고가 신문로로 이전해 가고 저 자리에 들어왔다. 지금은 헌법 재판소가 들어왔고 창덕여고는 올림픽 선수촌 근처로 옮겨 갔다. 공립학교의 처지가 전셋집을 전전하는 가정 같다. 이 골목은 재동과 계동을 이어주는 좁은 골목인데, 안국동 전철역에서 가회동으로 올라가다 보면 지금도 있다. 온통 한식당 골목으로 변했지만······.

앞의 사진과 같은 자리에서 찍은 사진. 왼쪽 흰색 타일 한옥은 타일이 바뀌었지만 처마의 빗물받이가 하늘로 치고 올라간 모습은 47년 전이나 지금이나 똑같다. 앞집의 한옥은 양옥으로 바뀌었는데 담 위에는 섬뜩한 방범용 쇠창살들이 꽂혀 있다. 이제는 없어진 줄 알았는데…… 골목 끝나는 곳에서 대로 건너편의 창덕여고 건물은 없어지고 헌법 재판소가 들어섰다. 옛날의 골목이 그대로 남아 준 것이 고맙다.

북촌기행 4, 낙원동(樂園洞)

　우리가 서울로 이사를 오던 해가 1964년, 내 나이 네 살 때였는데, 이사 온 지 얼마 안 되어서 가족사진을 한 장 찍었다. 그 사진을 보면 뒤편에 할머니 한 분이 보인다. 공주 할머니. 청주에서부터 우리 집에 계시면서 나를 키워 주신 할머니이다.

　남의 집에 계시던 할머니들의 삶이 그렇듯이 할머니의 삶도 기구했다. 본래 공주에서 살았던 할머니는 유복한 집으로 시집을 가셨다고 했다. 그런데 결혼생활이 순탄치 못해 시집에서 쫓겨난 뒤 우리 집까지 오셨다고 들었다. 아버지 고향인 괴산부터 함께 사셨던 할머니는 청주를 거쳐 서울까지 오셨던 것이다. 어린 시절의 추억을 더듬어 보면 냉정하셨던 친할머니보다 정이 많으셨던 공주 할머니에 대한 기억이 훨씬 많다. 유치원도 공주 할머니가 늘 데려다 주셨으니 어린 시절의 공주 할머니는 어머니만큼 소중한 분이셨다.

　그러던 어느 날 공주 할머니의 인생에 큰 변화가 생겼다. 원서동에서 우연히 고향 사람을 만난 것이다. 더욱더 놀라운 것은 시댁에서 쫓겨날 때 얼굴도 보지 못하고 헤어진 친아들이 인천에 살고 있다는 사실이었다. 할머니는 그날로 짐을 챙겨 아들이 산다는 인천으로 가셨다. 우리 식구들

1967년 일본인 기와 전문가가 찍은 낙원동 한옥촌의 모습. 가운데에 천도교 본당이 보이고 오른쪽 흰 건물은 우리나라에서 제일 오래된 교동 초등학교이다. 뒤에는 인왕산과 안산이 보인다. 지금 보니까 한옥의 아름다움을 알 것 같다.

모두는 할머니의 여생이 편안하시길 기원했다.

그러나 할머니는 인천으로 가신 다음에도 자주 우리 집에 놀러오셨다. 그러고는 며느리가 아주 고약하다고 분을 삭이지 못하셨다. 지금 생각해 보면 그 못된 며느리도 이해가 되었다. 생사를 알 수 없는 시어머니가 어느 날 느닷없이 나타나서 생각지도 않은 시집살이를 하게 되었으니 얼마나 싫었을까? 내게는 그렇게 자상했던 공주 할머니도 당신의 며느리와는 어쩔 수 없었나 보다. 결국 늦게 만났던 아들은 공주 할머니보다 먼저 세

김현옥 전 서울시장(1966~1970년 재임)은 낙원 시장을 지하로 내려 보내고 낙원 아케이드와 낙원 아파트를 올렸다. 허리우드 극장으로 유명했던 낙원 상가 건물. 1층을 거대한 필로티(pilotis) 구조로 만든 덕분에 낙원동에서 종로 2가로 나오려면 상가를 통해야 한다. 그 결과, 거리는 거대한 주상복합 건물로 두 동강 나버렸다. 개발독재 시대에 불도저 시장만이 할 수 있는 일이었다. 파고다 공원을 에워싸고 있던 파고다 아케이드도 보인다.

허리우드 극장은 사라지고 파고다 공원을 에워싸고 있던 파고다 아케이드도 헐려 없어졌다. 주상복합의 원조격에 해당하는 낙원 아파트는 아직도 주거 공간으로 사용되고 있다.

상을 떠났고 공주 할머니도 십여 년 전에 세상을 떠나셨다. TV 드라마에서는 해피엔딩으로 끝나는 경우가 많던데 현실은 그렇지 않은가 보다.

낙원동을 이야기하면서 공주 할머니 이야기를 길게 늘어놓은 이유는 어린 시절 낙원 시장에 어머니 그리고 공주 할머니와 함께 장을 보러 갔던 기억이 있기 때문이다. 본래 옥외 시장이었던 낙원 시장은 1960년대 말에 재개발되어 없어지고 그 자리에 낙원 아파트와 상가가 올라가고 그 밑으로는 차도가 뚫렸다. 북촌과 종로 사이에 있던 낙원 시장에 대한 기억이 공주 할머니에 대한 추억 속에 남아 있다.

북촌기행 5, 삼청동(三淸洞)

지금의 삼청동은 맛집과 화랑들이 즐비해서 북촌에서도 집값이 비싸기로 유명하다. 하지만 어린 시절의 삼청동은 지금처럼 낭만적인 동네는 아니었다. 먼저 삼청 공원부터 이야기하자. 모두가 먹고살기 힘든 시절에 공원이라는 것이 무슨 의미가 있었으며, 건강을 유지하기 위해 운동하는 사람이 몇이나 있었을까? 그래도 북촌 사람들에게는 삼청 공원이라는 멋진 공원이 있었다. 북악산 자락의 끝에 자리 잡고 있던 삼청 공원은 당시 북촌의 아이들에게는 마음껏 뛰놀 수 있는 삼림 체험장 같은 곳이었다고 할까? 적어도 김신조 일당이 청와대를 습격하러 내려오기 전까지 삼청공원은 북촌 사람들에게 휴식의 공간이자 삶의 쉼터였다.

삼청 공원 입구에는 삼청 국민학교가 있었다. 당시 북촌에는 이미 취학 아동이 감소하는 국민학교가 나타나고 있었던 것 같다. 베이비부머 세대의 큰 파도가 휩쓸고 간 뒤에 아이들의 수가 눈에 띄게 줄어든 것이다. 결국 삼청 국민학교는 1969년 2학기에 폐교되고 학생들은 재동 국민학교에 흡수되었다. 지금도 만나고 있는 친구 중에는 삼청 국민학교에서 온 친구들이 많다. 하지만 어린 시절 학교가 없어지고 남의 학교로 전학을 가게 된 것이 친구들에게는 큰 충격이었던 모양이다. 하기야 재동 국민학교에 다니던 친구 중에서 개구쟁이 녀석들은 삼청 국민학교에서 온 친구들을 놀리기도 했으니 어린 마음에 적지 않은 상처를 받았을 것이다.

몇 해 전 이런 이야기를 들은 적이 있다. 강남의 고급 빌라에 네 식구가 살고 있었다. 남편은 대기업 간부, 부인은 대학 강사 그리고 두 명의 자녀가 있었다. 여기에 파출부 아주머니가 한 명 더 있었다. 이들이 살던 고급 빌라 1층에는 정원이 잘 꾸며져 있었다. 하지만 1주일 내내 정원의 의자에서 쉬는 주민은 좀처럼 발견할 수가 없었다. 오직 한 사람. 바로 파출부 아주머니가 오후 일을 다 끝내고 쉬는 시간에 정원 벤치에 앉아 여유 있게 커피를 즐길 뿐. 지금 우리의 모습이 이런 모습은 아닐까?

하지만 우리가 국민학교를 다닐 때만 해도 공부에 짓눌려 살지는 않았다. 삼청 공원 계곡에서 돌을 들어내고 가재도 잡고, 옻독 오르면 큰일 난다는 형들 말에 조심스럽게 수풀 사이를 헤치고 다녔으며, 정상인 말바위까지 한걸음에 올라 서울 시내를 굽어보며 으쓱대곤 했다. 그러나 말바위 정상에서 본 서울은 지금의 서울의 모습이 아니었다. 말바위 뒤쪽은 성북동인데 무허가 집들이 즐비했다. 성북동의 저택들과 극명한 대조였다고나 할까? 그래도 그때는 절대적인 빈곤의 시대였기 때문에 지금처럼 상대적 빈곤에 대한 의식이 적었던 것 같다.

5학년 때였다. 앞에 앉은 급우 두 명이 삼청동에 살았는데 그중 한 명은 저녁이면 삼청 공원에서 벌어지는 아베크족들의 이야기를 해주었다. 어린 시절에 연인들의 키스는 미국 영화에 나오는 배우들만 하는 것인 줄 알았는데, 그 친구는 공원에 데이트하러 오는 사람들이 키스하는 것을 몰래 봤다며 자랑하는 것이었다. 지금은 너무나 많은 정보가 인터넷에 넘치지만 일대일로 정보를 전달하던 그 시절의 '정보'는 더 소중했던 것 같다.

이렇게 운치가 있던 삼청동이 지금은 젊은이들이 가장 많이 찾는 번잡한 동네가 되어 버렸다. 아마도 그 주범은 수제비집이 아닐까? 십수 년 전에 그 집에 간 적이 있었는데 그때만 해도 지금처럼 그렇게 많은 식당과 카페가 있지는 않았다. 한번은 승용차를 타고 식당을 찾아 주차를 하려는데 주차요원이 내 차를 인도에 잠시 세워놓았다. 그러자 지나가는 중년 남자가 역정을 내는 것이 아닌가? 한눈에도 삼청동 토박이로 보이는 그는 자기 동네에 우후죽순처럼 식당이 생겨나는 것도 싫었고, 무엇보다도 자신의 동네가 먹자 골목으로 변하는 것이 싫었을 것이다. 하지만 북촌도 개발과 투기의 바람 앞에서는 어쩔 수 없었다. 멋있는 한옥으로 가득 찼던 북촌도 세월의 변화를 피해 갈 수는 없었다.

정면으로 올라가는 길이 청와대이고 오른쪽으로 가면 총리 공관이 나온다. 요즘은 삼청동에 식당과 카페들이 많이 들어서서 정신이 없는 동네가 되었다. 멀리 오른 쪽에 삼청 공원의 정상인 말바위가 보인다. 지금은 말바위 주변에 소나무를 빼곡히 심어 놓아 말바위에서 서울 시내를 조망할 수가 없다. 서울이 가장 잘 보였던 장소였는데, 아무리 생각해도 일부러 소나무를 바위 주변에 심어 놓은 것 같다.

2012년의 삼청동 입구 모습. 옛날 사진에는 없던 나무들이 많이 자란 모습이다. 달라진 것이 있다면 예전에는 청와대 길로 통행을 할 수 없었으나 이제는 도로의 구실을 제대로 하는 길로 바뀌었다.

1966년 무렵 동십자각에서 청와대로 들어가는 사간동 일대의 모습. 오른편에 짓고 있는 건물은 지금의 현대화랑 건물이다. 사간동의 명물이었던 프랑스 문화원은 아직 보이지 않는다.

경복궁 건춘문 앞의 옛 프랑스 문화원 건물. 지금은 폴란드 대사관으로 바뀌었다. 프랑스 문화원 지하의 극장은 1970~1980년대 대학을 다닌 사람들에게는 낭만의 요람이었다. 검열을 받지 않은 외국 영화를 볼 수 있는 유일한 장소였다. 프랑스 문화원 옆에 있던 앙드레김 의상실도 강남으로 이전해 갔다.

태평로의 옛 모습. 왼편에 시민회관이 없는 것으로 봐서 1961년 이전 모습이다. 무채색의 거리가 흑백 사진을 통해 잘 나타나 있다. 북악산 아래 중앙청이 보인다. 원서동에서 저기까지 동네 친구들과 마라톤 연습도 했다.

지금의 세종문화회관 자리에 있던 시민회관의 모습. 1972년 12월 2일 'MBC 10대 가수 청백전' 공연 중 화재가 발생하여 전소되었다. 특이하게도 이 건물은 세종로를 옆으로 보고 설계되었다. 디즈니 만화영화 〈아더왕〉을 이곳에서 봤다. 사진은 존슨 미국 대통령이 방한을 한 1966년 10월 31일 전후에 찍힌 듯하다.

시민회관이 있었던 사진과 비교해 보니 당주동으로 들어가는 도로 왼쪽의 건물은 1966년 당시에도 있었던 건물 같다. 시민회관은 남향이었는데 세종문화회관은 동쪽을 보고 있다.

유치원에 가다

안국동은 내가 살던 원서동에서 제법 떨어져 있는 동네였다. 지금의 풍문여고 앞 도로를 안국동 로터리라고 불렀는데 그 중심에는 구한말의 충신 충정공(忠正公) 민영환(閔泳煥) 선생의 동상이 서 있었기 때문이다. 따지고 보면 예전에는 로터리가 꽤 많았는데 이제는 교차로에 밀려 모두 사라졌다. 지금은 혜화동 로터리만이 고가도로가 철거되면서 예전처럼 로터리 비슷한 역할을 하고 있을 뿐이다.

다섯 남매를 키우시던 어머니는 큰누님만 유치원에 보냈고 그 아래 두 누님들은 유치원에 보내지 않았다. 하지만 나는 1967년에 유치원에 입학을 했다. 남아선호 사상이 팽배하던 시절이라 장남인 나는 그 혜택을 본 것이다. 나는 집에서 조금 떨어진 안동 유치원에 들어갔는데, 안동은 안국동을 줄여 부르던 명칭이다. 이 유치원은 안동 교회의 부설 유치원이었지만 기독교식으로 교육받은 기억은 없었던 것 같다.

안동 유치원은 우선 그 자리가 특별했는데, 유치원 맞은편에 윤보선(尹潽善) 전 대통령의 아흔아홉 칸 한옥이 있었기 때문이다. 어린 시절 윤보선 전 대통령의 한옥은 안국동의 랜드마크였다. 그러고 보니 그 시절 북촌은 유명한 분들이 많이 거주했던 곳이었다. 계동에서 가회동으로 넘어가는 좁은 길 부근에는 김활란 전 이화여대 총장의 집이 있었고, 가회동에서 계동 사이에는 조선 최고의 갑부 박흥식의 저택도 있었다. 나중에 현대그룹의 정주영 명예회장도 말년에 그 집에서 살았고, 한보의 정태수 회장도 그 집에서 잠시 기거했다. 그런데 박흥식의 저택은 집터로서는 그리 좋지 않았던 것 같다. 박흥식의 화신 백화점이 몰락했고, 정주영 회장도 그 집에서 생을 마감했으며, 정태수 회장도 그곳에서 법의 심판을 받았기 때문이다. 가회동 최고의 명당이라고 하지만 사실은 기운이 안 좋은 집터였을까?

다시 유치원 이야기로 돌아가 보자. 졸업 앨범은 잃어버렸지만 친구를 통해 스캔을 받은 앨범을 보니 정원이 오십여 명 되는 것 같다. 십여 년 전 친구로부터 유치원 앨범을 스캔 받았는데 나는 그 사진을 보고 깜짝 놀랐다. 내가 속한 그룹 사진 속에 고등학교 동창이 있는 것이 아닌가? 그것도 3학년 때 같은 반이었던 친구가 사진 속에 있었다. 유치원 때 많이 친하지 않았던지 그 친구에 대한 기억은 별로 없는데 앨범 속의 사진은 분명히 그 친구였다. 이 사진을 보면서 이런 생각이 들었다. 내가 알고 있는 인연이 내가 맺은 인연의 몇 퍼센트에 해당되는 것일까? 지금 새롭게 만난 사람들도 기억이 나지 않는 어린 시절의 동네 친구는 아닐까? '데자뷰(déjà-vu)'란 말이 낯설지 않게 느껴지는 대목이다.

1967년 안동 유치원의 졸업 앨범 사진. 한 겨울. 친구들이 예배당 계단에서 포즈를 취하고 있다. 이 사진을 고른 이유는 뒤에 보이는 건물 때문이다. 저 건물이 요즘 북촌을 방문하는 네티즌 사이에서 화제가 되고 있는 '명문당' 건물이다. 당시에 저 건물은 '한정혜 요리학원'이었다고 안국동에 살던 친구가 알려주었다. 유치원 마당 구석에 나무 미끄럼틀도 보인다.

어쨌든 유치원 시절의 나는 숫기가 조금 없고 조용한 아이로 친구들에게 기억되었을 것이다. 아니 그런 아이는 대개 친구들의 기억에 별로 남아 있지 않는 법이다. 그래서 그런지 나는 초등학교 동창을 많이 기억하고 있지만 나를 기억하는 친구들은 그보다 적은 편이다. 키가 엄청나게 컸거나, 싸움을 잘했거나 혹은 공부를 특별하게 잘하던 친구들이 지금도 우리의 머릿속에 잘 저장된 것도 그 때문일 것이다.

45년이 지난 뒤 안동 유치원의 담은 없어졌지만 뒤편의 건물은 그대로 남아 있다. 옛날 사진에서는 보이지 않던 2층의 옥탑 건물이 보인다. 일설에는 맞은편 윤보선 전 대통령의 집을 감시하기 위해 중앙정보부에서 증축한 건물이라고 한다. 영화 〈트랜스포머〉의 로봇처럼 건물이 그로테스크하게 변해 버렸다.

1967년 무렵 안국동 골목의 흙길에 보도블록을 설치하는 모습. 오른쪽 고택이 윤보선 전 대통령의 아흔아홉 칸 한옥이다. 맞은편에 안동교회가 있었고 1층에는 안동 유치원이 있었다. 지금은 옛 교회가 헐리고 현대식 건물이 들어섰다. 유치원 시절에 놀던 마당의 목재 미끄럼틀도 함께 사라졌다. 서양에서는 교회 같은 건물이 가장 오래 보존되는 법인데 한국에서는 교회 또한 재건축과 증축의 대상이다.

45년 뒤 다시 찾은 윤보선 전 대통령의 고택. 안동 유치원과 마주보고 있는 한옥 고택은 45년의 세월이 지났음에도 제자리를 지키고 있다. 왼쪽에 유명한 명문당 건물이 보인다.

충정공 민영환 선생이 서 있던 안국동 로터리의 모습. 왼쪽에 풍문여고가 보인다. 차도 별로 없는 한적한 지방의 작은 도시 같다.

안국동 로터리의 현재 모습이다. 지금은 로터리란 말이 무색하다. 흑백 사진 속에 보이던 풍문여고 교사가 콘크리트 건물로 바뀌었다. 1960년대 말 김현옥 전 서울시장이 건설한 육교도 철거되고 사진 왼편에 큰 빌딩이 들어섰다. 사진 오른편 황토색 작은 건물 자리에 구신민당사가 있었다.

충정공 동상 뒷길이 지금의 인사동 길이다. 왼편의 건물이 당시의 야당인 신민당사. 동상 뒤편의 책방 이름이 머릿속에 맴맴 돈다. 그런데 원고를 수정하다가 생각이 났다. 바로 '학창서림'. 2층 기와집 건물이 서울 도심에 있다는 것이 신기할 따름이다. 앞의 사진보다 2~3년 전에 찍은 사진이다. 화단의 모양이 다르다.

45년이 지난 뒤 같은 자리에서 바라본 안국동 로터리. 이제 충정공 동상과 구신민당사 건물은 보이지 않는다.

충정공의 동상은 안국동에서 창덕궁 옆으로 이전되었다. 그 뒤에 다시 안국동의 우정국 옆으로 옮겨졌다. 같은 안국동이지만 너무 초라해 보인다.

2장
학교 종이 땡땡땡

베이비부머, 국민학교에 입학하다

1968년 3월 2일, 스마트폰으로 조회해 보니까 토요일이었다. 나는 이날 재동 국민학교에 입학했다. 지금처럼 토요일이 재량휴업일도 아니었으니 이날 입학식이 있었을 것이다. 가슴에는 흰 손수건을 핀으로 달고 엄마 손을 붙잡고 입학식에 갔을 것이다. 우리 때는 왜 그렇게 코를 흘리는 아이들이 많았는지 모르겠다. 어쨌든 지금도 만나는 초등학교 동창 중에 코흘리개 친구들이 여럿 있다. 물론 그 친구들도 지금은 모두 듬직한 사나이가 되었다.

1학년이면 여덟 살, 만으로 일곱 살이 채 안 되던 시절이다. 그 시절 기억이 잘 난다면 조금은 과장되었을 것이지만 그래도 중요한 사건들은 개인에 따라 기억에 남는 법이다. 먼저 떠오르는 얼굴은 처음으로 만난 담임 선생님이다. 여자 선생님이셨는데 2학년 때도 담임을 맡으셨기에 기억에 또렷이 남아 있다. 선생님의 나이를 가늠하기는 어렵지만 아마도 30대 중후반이셨던 것 같다. 어머니처럼 부드러운 이미지를 가진 선생님으로 기억된다.

국민학교에 들어가서 처음으로 경복궁으로 봄소풍을 갔다. 지금도 경복궁에 있는 민속박물관을 배경으로 담임 선생님과 찍은 단체 사진을 간직하고 있다. 사진의 배경에 벚꽃이 만발한 것으로 봐서 아마 4월 초순 정도가 아닐까? 3열 횡대로 줄을 맞춰 찍은 친구들은 지금 봐도 재미있다. 흥미로운 것은 함께 가셨던 어머니들도 사진의 맨 뒤에 보인다. 가끔 세련된 엄마들은 양장을 하고 소풍에 오셨지만, 대부분 한복을 입고 계신 모습이다.

십여 년 전 동창 찾기 인터넷 사이트가 전국을 강타한 적이 있다. 나도 친구들을 찾으러 가입을 했고 보고 싶었던 친구들도 많이 만났다. 한번은 1학년 소풍 사진을 스캔해서 올렸더니 다른 반 친구들도 자기반 사진을 올렸다. 사진으로 확인해 보니 당시 1학년은 총 다섯 반이었다. 왜 학급수가 중요하냐면 2학년 때 삼청 국민학교 친구들이 들어오고 고학년으로 갈수록 전학을 오는 친구들이 많아 반이 늘어났기 때문이다. 실제로 1학년 때는 60여 명 다섯 반이었는데 졸업 앨범을 보면 80여 명 여덟 반이 되었으니 학생 수가 많이도 늘었다.

초등학교에 입학하면 제일 먼저 배우는 노래, 〈학교 종이 땡땡땡〉. 손수건을 가슴에 달고 등교하는 모습이다. 원곡의 작곡자인 김메리 여사에 따르면 첫 소절의 가사는 원래 "학교 종이 땡땡친다"였다고 한다.

1970년 재동 국민학교 교사의 모습. 1958년생인 누님의 앨범에서 가져왔다. '공부하는 학교', '승공하는 학교', '명랑한 학교'라는 표어가 보인다. 〈어린이날 노래〉, 〈퐁당퐁당〉의 동요 시인인 윤석중 선생이 교가의 가사를 쓰셨다.

1960년대 중후반의 사회 교과서. 이 교과서에 눈이 가는 이유는 학생들이 등에 멘 책가방 때문이다. 지금은 다양한 가방이 있지만 우리 세대에는 저 가방이 대세였다. 손에는 신발주머니를 들고 있는데 실내화를 넣었다. 교과서에 등장하는 주인 공들의 이름은 철수와 영희였다.

1968년 봄. 경복궁에 소풍을 가서 찍은 사진이다. 벚꽃이 만발한 것을 보아 4월 초순경인 것 같다. 친구들의 덩치가 정말 작다. 요즘 사람들이 보면 유치원생인줄 알겠다. 어머니들도 한복을 입고 소풍에 따라오셨다.

바로 위의 누님이 그 유명한 '58년 개띠'인데 누님의 초등학교 앨범을 보면 남학생들이 이 교과서 속의 교복을 입고 있다. 목에는 하얀 칼라를 달았는데 마치 중학교 교복처럼 생겼다. 우리가 초등학교를 다닐 때는 저런 교복은 찾아볼 수 없었다.

교과서의 남학생처럼 교복을 입고 졸업 사진을 촬영한 58년 개띠 형님들. 사진 속의 선생님은 애국조회에서 지휘를 하시던 음악 선생님이었다.

사라진 학교들

우리가 국민학교를 다니던 때는 베이비부머 세대의 인구가 절정에 달했던 때라 학교도 많았다. 그런데 어느 때부터인지 아이들이 줄기 시작했다. 요즘도 가끔 나오는 당시의 대한뉴스를 보면 "덮어 놓고 낳다 보면 거지꼴을 못 면한다"라는 섬뜩한 표어가 나온다. 어쨌든 인구는 한없이 늘 것 같다가 정체를 보이고 줄기 마련이다. 그 결과 북촌의 국민학교들이 하나씩 문을 닫았다.

종로가 지금처럼 번잡하지 않던 1960년대, 거리 뒤편에는 기와집들이 많았다. 지금은 한식당으로 모두 바뀐 인사동 골목길도 다 주택가였다. 지금은 상상할 수 없지만 종로의 뒷동네가 주택가였으니 당연히 국민학교들이 많았다. 수송, 종로 같은 학교들이 시내 한복판에 있던 학교였다.

종로구에 있는 국민학교들은 가을이면 함께 모여 운동회를 했는데, 당시에는 이 운동회를 '학도체육대회'라고 불렀다. 1학년 경기는 지금은 종로구청으로 바뀐 수송 국민학교에서 열렸는데, 일렬로 늘어서서 뒷사람에게 공을 패스하는 단순한 경기였다. 수송 국민학교에서 종로 예식장 방향으로 가다 보면 종로 국민학교도 있었다. 종로 국민학교는 수송보다 먼저 폐교되었던 것 같은데 1970년대 중반 이미 그 자리는 삼양라면 본사

1967년 청운 국민학교의 졸업식 장면. 선생님의 지휘에 맞춰 졸업식 노래를 부르는 순간 같다. "빛나는 졸업장을 타신 언니께 꽃다발을 한 아름 선사합니다"라고 5학년 동생들이 노래를 부르면, 6학년 언니들은 "잘 있거라, 아우들아 정든 교실아, 선생님 저희들은 물러갑니다"라고 답송한다. 하얀 저고리와 검정색 치마를 입고 계신 선생님들의 자태가 단아해 보인다.

로 바뀌어 있었다. 그곳에서 끓여 파는 라면은 왠지 더 맛있게 느껴졌었다. 맥주 회사 본사 빌딩의 생맥주가 가장 신선하다고 느끼는 것과 같은 이치는 아닐까? 재동 국민학교에 흡수된 삼청 국민학교는 전두환 정부 당시 국가보위비상대책위원회 건물로 사용되다가 나중에는 수능 시험을 관리하는 교육평가원으로 바뀌었다.

자신이 다녔던 학교가 중간에 없어진다는 것은 어린 초등학생에게는 견디기 힘든 일이다. 내 경우도 수송동에 있던 수송 중학교로 배정을 받아 2년 동안 잘 다녔다. 그런데 3학년 때 담 하나를 사이에 두고 있던 중동 중학교에 학교가 흡수되었다. 본래 수송과 중동의 이사장이 형제지간이었기 때문에 두 학교의 통폐합은 예상되었지만 까까머리 중학생들에게는 받아들이기 힘든 일이었다. 그 결과 수송 중학교의 열두 학급과 중동 중학교의 여덟 학급이 합쳐져 한 학년이 무려 스무 학급이 되었다. 한 반이 70명이니까 한 학년의 학생이 무려 1,400명이다. 베이비부머 세대, 정말 학생들이 많았다!

우리 시대의 먹거리 1 : 떡볶이, 뽑기, 번데기, 삼립 크림빵, 엿치기

슈퍼마켓이란 말을 처음 들었던 것은 5학년 아니면 6학년 무렵이었던 것 같다. 학교 건너편에 국내 업체가 처음으로 점포를 열었던 것이다. 그 무렵 만화영화 〈뽀빠이〉에 등장하는 햄버거가 '빅보이'라는 국산 상표를 달고 시중에 처음으로 선을 보였다. 만화에서만 보던 햄버거가 도대체 무슨 맛일까 정말 궁금했지만 선뜻 사 먹지는 못했다.

사실, 우리 시대에는 변변한 간식거리가 많지 않았다. 한겨울이면 어머니께서 조청을 끓여 만들어 주시던 쌀 과자 종류와 기름에 튀긴 누룽지에 설탕을 뿌려 먹던 과자, 서구식 간식이 보급되면서 어머니가 집에서 만들어 주시던 도넛 정도가 우리 시대의 간식거리였다. 하기야 먹고살기도 바쁜 시절이었으니 간식은 사치였을까? 1970년대 중후반에도 고등학생의 도시락 반찬 중 절반은 김치뿐이었던 것을 생각하면 1960년대는 더욱 심했을 것 같다.

그렇지만 누구도 반찬 투정을 하거나 맛있는 것을 혼자만 먹는 친구는 없었던 것 같다. 삼삼오오 모여 함께 먹던 도시락은 정말 꿀맛이었다. 물론 아침을 거르고 온 친구들은 1교시가 끝나기 무섭게 도시락을 먹어 다음 시간에 들어오시는 선생님이 반찬 냄새 때문에 질색을 하시곤 하였다.

초등학교 4학년 겨울에 새우깡을 처음 먹어봤다. 스낵 과자라는 것이 이 땅에 처음으로 명함을 내미는 순간이었다. 당시에 새우깡은 50원 했던 것 같은데 삼양라면 한 봉지가 20원 하던 시절이었으니까 꽤 비싼 간식이었던 셈이다. 그렇지만 우리가 먹던 초등학생의 간식은 동네 구멍가게나 학교 앞 문방구에서 주로 사먹을 수 있었다. 그중에서 가장 인기 있는 간식은 역시 떡볶이였다. 거친 고추장 양념으로 끓여 낸 작고 흰 가래떡은 정말 맛있었다. 나는 가끔 문방구에서 외상으로 떡볶이를 사먹곤 했는데 지금 생각하니 세상 물정을 전혀 파악하지 못했던 초딩이었던 것 같다.

떡볶이가 거리의 간식이었다면 골목에서 뛰노는 아이들의 최고 간식은 역시 '뽑기'였다. 흑설탕을 국자에 녹여 소다를 첨가한 다음, 철판에 '탁' 하고 내려치면 녹은 설탕 반죽이 퍼진다. 그리고 그것을 둥근 쇠판으로 납작하게 만들어 준다. 여기에 첨성대 같은 모양이나 집모양 등의 철사를 꾹 찍으면 과자가 완성된다. 그런데 둥근 과자에서 그 모양을 성공적으로 떼어 내면 과자를 하나 더 만들어 주었다.

하지만 과자에서 모양만 분리한다는 것은 매우 어려웠다. 모양마다 좁은 목이 있었기 때문에 찍힌 모양대로 분리하려면 과자는 두 동강 나기 때문이다. 요즘 아이들이 인형을 기계에서 뽑으려고 수차례 돈을 넣고 하는 것처럼 우리는 공짜 뽑기 한 번 더 하려고 골목에 쪼그리고 앉아 '열공'을 하였다. 어떤 아이는 침을 과자 가장자리에 살살 묻혀 원하는 모양을 떼어 내기도 했다.

그런데 그 뽑기를 만들어 팔던 아저씨는 바로 옆집 아저씨였다. 지금도 그 이름이 기억에 남는데 눈치가 아주 빠른 사람이었던 것 같다. 어린 시절 동네 아저씨들에게 특별한 직업이 많지 않던 시절의 이야기이다.

골목길 먹거리 중에서 가장 인기가 많았던 것은 역시 번데기였다. 번데기 장수는 작은 수레를 개조해서 골목을 누비며 번데기를 팔았는데, 그냥

돈만 주고 사먹는 방식이 아니었다. 지금 생각하니 미국 방송의 유명한 오락프로 〈Wheel of Fortune(행운의 바퀴)〉을 패러디한 방식이었는데, 카지노에서 큰 바퀴를 굴려 정해진 액수에 멈출 경우 베팅한 만큼 돈을 따는 게임과 동일했다.

먼저 번데기 장수가 지름 50센티미터 정도의 둥근 나무판을 빠르게 돌린다. 그리고 다트 게임에서 사용하는 작은 화살처럼 생긴 것을 회전하는 판에 던진다. 그러면 화살이 꽂힌 액수에 따라 번데기를 담아 준다. 이 정도면 거의 카지노 수준이다. 사행심을 조장하는 어른들 때문에 아이들은 내기에 익숙해져 갔다.

빵은 지금처럼 대중적인 먹거리가 아니었지만 10원짜리 '삼립 크림빵'은 지금으로 치면 대단한 히트 상품이었다. 빵 사이에 하얀 크림이 많이 들어 있지도 않았기 때문에 크림은 더욱 달콤했다. 빵을 먹기 전에 크림만 핥아 먹는 아이가 있을 정도로 10원짜리 크림빵의 인기는 대단했다.

수년 전, 이 회사에서 다시 만들어 낸 크림빵을 우연히 고속도로 휴게소에서 발견하고 사먹어 봤지만 옛날 맛은 아니었다. 먹거리가 귀하던 시절에 먹었던 음식이 먹을 것이 지천인 시대에는 특별한 맛을 주지 않는 법이다. 이 밖에도 빵집에서 파는 곰보빵, 단팥빵, 사라다빵 같은 고급스러운 빵도 있었지만 자주 먹지는 못했던 것 같다.

초등학교 시절을 지나 중학교 학창 시절, 우리의 아지트는 골목에서 분식집으로 바뀌었다. 이미 정부 차원에서 시작된 분식 장려 캠페인은 베이비부머들의 먹거리 문화를 바꿔 놓았다. 쌀 증산을 하기 위해 밀가루 막걸리가 등장하고, 때로는 일부 악덕업자들이 카바이트를 넣은 가짜 막걸리까지 제조해서 사회적인 물의를 빚기도 했다. 분식집에서는 보통 떡볶이와 라면 등을 먹었고, 빵집은 고등학교에 들어가서 가끔 미팅하느라고 들어갈 정도였는데 남학생보다 여학생이 더 많았다.

얼마 전에 초등학교 동창들과 북악산 산행을 하고 재동 근처에서 저녁식사를 했다. 술이 한 순배 돌고 다들 2차로 노래방을 가자는 분위기였다. 그래서 재동 네거리 근처의 노래방에 갔는데, 노래방 사장님이 내가 중학생 때 자주 다니던 '미성당'이라는 분식집의 주인 아저씨셨다. 휘문고 옆에 있던 분식집이었는데, 하교길에는 계동 골목을 지나는 휘문, 대동, 중앙 등의 학생들로 인산인해를 이루었다. 그 당시 사장님은 학생들을 상대로 많은 돈을 버셨던 모양이었다. 우리가 찾았던 노래방 건물이 바로 그분 소유라고 했다. 초로의 신사가 된 사장님의 얼굴에서 떡볶이와 튀김을 팔던 그 주인 아저씨의 얼굴이 오버랩되었다.

뽑기와 번데기에서 단련된 북촌의 아이들은 중학생이 되어 새로운 내기를 하게 된다. 바로 엿치기. 요즘 아이들이야 엿을 잘 먹지 않지만 당시에는 아이들이 즐겨 먹던 간식이었다. 우리는 엿을 사먹을 때도 내기를 했다. 일단 깨엿이나 보통 엿을 하나씩 고른다. 그런 다음 엿을 한 번에 부러뜨린다. 그리고 단면을 비교해 누구 엿의 공기 구멍이 더 큰지 내기를 하는 것이다. 큰 구멍을 가진 엿을 고른 친구는 공짜로 엿을 얻어먹었다.

우리 시대의 간식에서 빼놓을 수 없는 뽑기. 제조 공정이 보인다. 흑설탕을 국자에 녹인 뒤 소다를 풀고 납작한 판에 '탁' 치며 쏟아 낸 것을 누르개로 꾹 누른다. 그리고 모양을 새겨 넣는다. 사진에서 보는 것처럼 저 모양대로 떼어 내는 것은 그야말로 신기(神技)에 가깝다. 저걸 떼어 내야지 하나 더 주는데…… 1960년대 말 안양에서 주한미군으로 근무했던 미샤로프 씨의 사진이다.

요즘 아이들은 사진 속의 소녀가 들고 있는 것이 무엇인지 잘 모를 것이다. 이름하여 '요지경'이라고 불렸는데 원형판의 작은 네거티브 사진들을 눈으로 보는 기구이다. 오른쪽의 손잡이를 '딸깍' 하고 내리면 사진이 하나씩 회전하며 바뀐다. 미국의 도시나 풍경 사진 등을 봤던 것 같다. 이 사진은 인터넷에서 가져왔는데 대구의 동촌유원지에서 1974년에 찍은 사진이다. 중절모를 쓴 할아버지와 시레이션(C-ration) 박스 속의 병아리도 보인다.

1960년대 말에 등장한 가두 청량음료 판매대. 이 사진이 흥미로운 이유는 콜라 한 병의 가격이다. 180cc 한 잔에 10원. 요즘 콜라 한 병의 용량으로 환산하면 20원. 현재 콜라 한 병에 1,000원이니까 콜라 값이 약 50배 오른 셈이다. 하기야 1970년대 초반 라면 한 봉지 20원, 시내버스 요금 10원 그리고 택시 기본요금이 60원이었다.

우리 시대의 먹거리 2 : 쌀밥, 담북장, 마늘종장아찌, 고추장 장떡, 고기 완자 콩나물국, 아욱죽

위에서 이야기한 먹거리들이 우리 시대의 주전부리였다면 이번에는 베이비부머 세대의 주식과 식생활에 대해서 조금 더 이야기해 보자. 알다시피 1950년대부터 1960년대까지는 보릿고개란 말이 있을 정도로 먹고사는 것이 궁핍했다. 지금 아이들은 상상도 못할 일이지만 우리에게 쌀 한 톨의 의미는 남달랐다. 어른들이 식사할 때 밥풀 하나 흘려도 주워 먹으라고 한 데는 그만한 이유가 있었다.

일단 당시에는 각 가정에 식구들이 많았다. 우리가 살던 원서동 한옥에는 방이 네 개 있었는데 우리 식구는 모두 열두 명이나 됐다. 할아버지와 할머니 그리고 장가 안 간 삼촌에 다섯 남매를 포함한 대식구였다. 그래서 뒤주 속의 쌀은 자주 바닥을 드러냈다. 쌀을 배달해 주던 아저씨의 얼굴이 기억나는 것도 그 때문이다. 짐자전거에서 무려 80킬로그램의 쌀 한 가마를 번쩍 들어 뒤주에 부어 주던 모습이 머릿속에 남아 있다.

주식이 밥이었고 반찬은 김치가 주를 이루었던 시절이었으니 일단 밥의 양이 엄청났다. 아버지의 밥은 주발에 고봉으로 담았는데 지금으로 치면 두 공기 정도는 족히 될 듯싶다. 아버지께서 저녁에 늦게 오시는 날이

어도 어머니는 아버지 밥을 제일 먼저 퍼서 아랫목 이불 속에 넣어 두셨다. 밤늦게 들어오신 아버지께서 상을 받으시면 우리는 다시 상머리 옆에 모여 앉았다. 아버지 상의 반찬은 괜히 더 맛있었기 때문이다.

한옥은 보기는 좋지만 살기에는 불편한 구조의 가옥 형태이다. 부엌이 마당 지면보다 낮은 곳에 있었기 때문에 밥상을 들고 대청마루로 오르는 것 자체가 일이었다. 그렇다 보니 밥상을 들고 다니셨던 어머니는 허리가 끊어질 듯 힘이 드셨을 것이다. 식당이 따로 없던 시절이라 밥상을 마루까지 들고 올라갔기 때문에 자칫 잘못하면 상을 엎을 수도 있었지만 어린 시절 어머니나 할머니가 상을 엎었던 적은 거의 없었던 것 같다.

당시에는 식구들이 많아 온 식구들이 한 상에서 먹을 수가 없었기에 두 개의 상이 항상 마루에 올라왔다. 할아버지를 비롯한 남자들만의 상과 여자들만의 상으로 나누어서 식사를 했는데, 아마 남존여비의 유교사상 때문이었을 것이다. 우리는 이렇게 집에서도 남녀구분이 엄격한 시대에 살았다.

부모님의 고향은 충청도였기 때문에 우리 집 음식은 남도 음식처럼 양념이 많거나 짜지 않았다. 가장 많이 먹었던 주식은 역시 된장찌개였는데 부모님은 항상 "장을 끓인다"라는 표현을 쓰셨다. '된장찌개'란 말을 처음 들은 것은 어린 시절이 거의 끝나갈 무렵이었던 것 같다. 충청도 음식

1960년대 밥그릇의 용량을 요즘의 공기와 비교하면 거의 세 배에 이른다. 요즘은 먹을 것이 많아 쌀의 소비가 줄었지만 당시에는 주식이 밥 이외는 거의 없었기 때문이다. 흰쌀밥이 호사의 상징이었다는 말을 요즘 아이들은 이해하지 못할 것이다. 최근 보도에 따르면 1972년 1인당 쌀 소비량이 무려 134.5킬로그램이었는데 2013년에는 69.8킬로그램으로 줄었다고 한다.

중에는 청국장이 유명했다. 집에서는 '담북장'이라고 불렀는데 청국장을 띄우던 할머니 방의 메주 냄새는 정말 대단했다. 프랑스 유학 시절, 프랑스 주부가 아래층에 사는 한국 유학생의 청국장 냄새를 가스로 오인하여 소방서에 신고를 했다는 이야기는 지금 들어도 웃음이 난다.

지금도 제일 아쉬운 것 중의 하나는 어머니께서 만들어 주시던 음식을 더 이상 먹을 수 없게 되었다는 것이다. 결혼하고 함께 살 수 있는 기회가 없었기 때문에 어머니는 며느리에게 음식 조리법을 많이 전수해 주지 못하셨다. 그래도 미국에서 몇 년 만에 오실 때면 며느리에게 한두 가지의 조리법을 가르쳐 주셨는데, 대표적인 음식이 봄에 나는 마늘종을 고추장에 박아서 만든 일종의 장아찌 반찬이다. 지금도 봄이 되면 아내는 어머니에게 배운 마늘장아찌 반찬을 만들어 준다. 고추장 장떡, 고기완자 콩나물국, 아욱죽…… 지금은 추억 속의 음식이 되어 버렸다.

우리 시대의 먹거리 3 : 멍게, 해삼

위생 상태가 좋지 않던 시절, 특히 수산물은 싱싱하게 먹을 수 있는 음식이 아니었다. 그리고 '사시미'라고 불리는 생선회는 당시에는 많이 낯선 음식이었다. 내가 처음으로 생선회를 구경한 것은 초등학생 때였는데 아버지께서 친구 분을 만나던 일식집에서 처음으로 생선회를 구경했다. 먹을 엄두가 나지 않았기 때문에 말 그대로 구경만 했다. 처음으로 생선회 음식을 본 나는 충격을 받았지만 아버지는 맛있게 드셨던 것 같다. 그런데 아버지는 '일식(日食)'이라는 말 대신에 '화식(和食)'이라는 말을 항상 사용하셨다. 나중에 어른이 되어 일본어에서 '화(和)'라는 한자가 일본을 상징하는 말임을 알게 되었다.

　우리가 어렸을 적에는 생선회는 거의 먹을 기회가 없었지만 멍게와 해삼은 거리에서 쉽게 먹을 수 있었다. 내가 살던 동네 입구에도 리어카에서 멍게와 해삼을 파는 아저씨가 한 분 계셨다. 비릿한 해산물 특유의 냄새, 그런데 가장 기억에 생생했던 것은 멍게와 해삼을 찍어 먹는 도구였다. 지금이야 1회용 플라스틱 포크가 있지만 당시에는 플라스틱 제품이라는 것 자체가 귀했다. 아니, 모든 물자가 다 귀했다. 우리가 사용했던 도구는 다름 아닌 옷핀을 일자로 편 것이었다. 지금 생각해 보면 먹다가 핀에 혀를 찔리지 않았던 것이 다행이라면 다행일까.

　어쨌든 우리는 위험한 연장으로 멍게와 해삼을 초고추장에 찍어 먹었다. 난생 처음 먹어 보는 초고추장의 맛이란 지금도 잊을 수 없다. 그리고 신기한 것은 옷핀을 보관하는 방법이었다. 내 기억에는 토막 난 무에 핀을 여러 개 꽂아 놓으면 손님들이 하나씩 뽑아 멍게나 해삼을 먹었다. 그런데 집사람이 살던 동네에서는 무 대신 엎어 놓은 멍게 껍데기에 핀을 꼽아 놓았다고 하니 동네마다 조금씩 그 방법이 달랐던 모양이다.

　북촌에도 공동 우물이 있던 시절이니 당시의 위생 상태는 열악했을 것이다. 가장 신선하게 보관해야 할 수산물을 길거리에서 사먹던 시절이었지만, 그거 먹고 배탈 났던 기억은 가물가물하다.

혼식 장려와 통일벼

쌀을 자급자족하지 못하던 시절, 옛날 자료 사진을 보면 거리에 '증산'이라는 구호가 여기저기 보인다. 늘 먹을 것에 굶주렸기 때문에 이 땅의 위정자는 식량의 자급자족에 정권의 명운을 걸었을 것이다. 우리는 그런 시절에 청소년기를 보냈다.

당시 정부는 부족한 쌀 때문에 분식과 혼식을 대대적으로 장려했다. 특히 1963년에 처음으로 나온 라면은 분식 장려의 첨병이었다. 내가 라면을 처음으로 먹어본 것은 대여섯 살 때로 기억되는데, 할머니께서 구들장 속의 연탄 화덕을 꺼내어 끓여 주셨던 그 맛은 말로 표현할 수 없었다. 지난 봄에 군대 간 큰 아이가 훈련소에서 몇 주 만에 컵라면이 나왔는데 그 맛이 꿀맛 같았다고 편지를 쓴 적이 있다. 당시에 나도 그런 기분이 아니었을까?

정부의 분식 장려 정책 덕분에 여기저기에 분식집과 가락국수집이 생겨났다. 초등학교 앞도 예외는 아니었다. 처음으로 먹어 보는 냄비우동은 이름부터 신선했다. 하지만 분식의 장려만으로는 부족한 쌀을 메우기 힘들었다. 쌀 막걸리 대신 밀가루 막걸리를 마셨지만 쌀은 여전히 부족했다. 결국 중고등학교 학생들의 도시락이 그 타깃이 되었다. 흰쌀밥으로 도시락을 싸올 수가 없게 된 것이다. 담임 선생님께서는 날마다 도시락 검사를 하셨다.

가끔 밥하는 언니가 보리쌀 섞는 것을 잊어버리면 그날은 좌불안석이었다. 하지만 이럴 때도 방법은 있다. 옆자리의 짝으로부터 원조를 받는 것이다. 하얀 쌀밥 위에 꾸어 온 보리밥 알을 여기저기 심어 놓으면 그럭저럭 혼식 도시락이 된다. 그렇지만 선생님들이 우리보다 한 수 위셨다. 담임 선생님께서는 보리쌀이 불규칙하게 심어진 도시락을 보면 도시락을 뒤집어 뚜껑에 밥을 엎어 보셨다. 그러면 하얀 쌀밥이 그대로 드러나게 되어 손바닥을 회초리로 맞았다.

우리는 이런 시절에 학교를 다녔다. 요즘 아이들은 너무 먹어서 병에 걸리지만 당시에는 너무 못 먹어서 병에 걸리는 사람들이 많았다. 병으로 비만이 되는 아이들은 있었어도 영양 과잉으로 비만이 되는 아이들은 거의 없었다.

쌀 부족 현상은 '통일벼'가 나오면서부터 사라졌고, 건국 후 처음으로 쌀을 자급자족하게 되었다. 어린 마음에 가졌던 그 뿌듯함을 요즘 아이들은 느낄 수 있을까?

교통수단들

중학교에 입학하던 1974년 아버지와 나는 지금의 압구정동에 갈 일이 있었다. 당시에는 제3한강교라고 불리던 한남대교를 건너 지금의 올림픽대로를 따라 구현대 아파트 단지에 도착했는데 아파트 건축 공사를 한창 하고 있었다. 주변은 온통 하얀 배꽃이 흐드러지게 피던 봄이었던 것 같다. 볼일을 보고 난 아버지께서는 택시를 타고 강북의 집으로 돌아오시면서 한마디 하셨다.

"이 동네는 너무 멀구나!"

아마 아버지 세대는 한강을 건너간다는 사실이 미지의 세계에 발을 내딛는 것으로 생각하셨던 것 같다. 영등포나 노량진같이 오래전부터 사람이 거주하던 곳은 서울로 생각하지만, 강남은 전혀 미답지의 세계로 여기셨던 것 같다. 어쨌든 강남, 아니 당시에는 영동으로 불리던 곳으로 이사를 가려던 계획은 아버지의 세계관에 부딪혀 무산되고 말았다.

코로나, 코티나같이 외국에서 부품을 들여와 조립 생산하던 시절, 국산차는 국민들의 염원이었다. 시발 택시는 우리 이전 세대의 차라서 기억이 잘 나지 않고, 우리는 1974년에 선을 보인 국산 1호차 포니에 열광했다. 한국도 드디어 고유 모델의 자동차를 생산하는 나라가 되었다는 자부심

1960~1970년대 모든 베이비부머들이 들고 다녔던 책가방이 보인다. 하굣길에는 저 가방의 바닥을 모자로 잘 닦아 줘야 한다. 버스에서 가방을 받아 주는 어른들 바지에 가방 자국을 내서는 안 되기 때문이다. 사진처럼 가방을 팔에 걸고 다니면 학생부 선생님들에게 꾸지람을 들었다. 하지만 선생님들도 저 무거운 가방을 한 번 들어보면 우리처럼 팔에 걸고 다녔을 것이다.

이 생겨난 것이다.

포니의 탄생은 마이카 시대가 열렸음을 의미했다. 하지만 고등학교 시절에도 집에 자가용이 있는 친구가 두세 명밖에 안 되었으니 마이카 시대의 도래는 먼 나라의 이야기에 불과했다. 당시에는 자가용이 있어도 손수

운전하는 마이카족은 드물었다. 그렇다 보니 배기량 1,300cc에 불과한 포니 승용차에 기사를 두고 다니던 사장님들도 등장했다. 지금으로 치면 엑센트 차량에 운전기사를 고용하는 격이다. 인건비가 싸서 두세 명의 가정부를 두는 집이 있던 시절에 가능했던 이야기이다.

사실, 우리 세대는 뚜벅이 세대이다. 북촌에 살면서 초등학교와 중학교를 걸어 다녔기 때문에 대중교통을 자주 이용하지는 않았다. 전차는 초등학교 2학년 때 없어졌기 때문에 별로 탈 기회가 없었다. 하지만 중학교에 올라가니 버스로 통학을 하는 급우들이 절반 이상 되었다.

당시의 만원버스는 정말 숨을 쉴 틈도 없이 빼곡히 승객들을 태웠다. 승객들을 골고루 분산시키려고 버스 기사는 급제동과 급출발을 통해 승객들을 고르게 버스에 채웠다. 하지만 도시락까지 챙긴 가방을 들고 만원버스로 통학하는 것은 정말 힘든 일이었다. 대부분의 학생들이 미제 커피병이나 이유식 병에 김치를 담아 다녔는데, 버스를 타면 특히 이 김치병을 조심해야 했다. 혹시 가방 속의 김치병에서 국물이 흐르면 책가방을 받아 준 사람에게 얼굴을 들 수 없었기 때문이다.

한번은 이런 일도 있었다. 중학교 1학년 때였는데 그 해 겨울 큰 눈이 내렸다. 서대문구에서 안국동에 있는 학교에 오려면 무악재를 반드시 넘어야 하는데 그만 눈 때문에 버스가 고개를 넘을 수 없었다. 그날 아침 절반 정도의 학생들이 제 시간에 등교하지 못했다. 지금은 무악재가 작은 고개로 보이지만 당시에는 험한 고개였던 것이다.

　아버지가 압구정동을 경기도 광주쯤으로 생각하신 것처럼 서대문구에서 시내로 들어오는 것도 예전에는 만만치 않았다. 물리적인 거리는 지금이나 그때나 변함이 없겠지만 도로망이 제대로 정비되지 않았던 시절에는 훨씬 더 멀게 느껴졌을 것이다. 그러던 중 1974년 내가 중학교 1학년 때 지하철 1호선이 개통되었다. 그때가 정확히 8월 15일 광복절이었는데, 우리 식구는 포항에서 휴가를 보내고 대전 이모네로 가는 중이었다. 바로 그날 대통령 영부인인 육영수 여사가 재일동포 문세광의 총탄에 쓰러졌다. 그래서 본래는 박 대통령이 하려던 1호선 개통식은 그 규모가 축소되었고, 축제의 날은 비극의 날로 기록되었다.

　지하철 1호선의 개통은 본격적인 지하철 시대의 개막을 알리는 신호탄이었다. 이후 서울의 거리는 십수 년간 벌집을 쑤셔 놓은 것처럼 지하철 공사장으로 변했다.

1960년대 대중교통이 모두 모였다. 전차가 보이고 전차 왼쪽에는 시영버스, 오른쪽에는 좌석버스가 보인다. 기본요금이 60원 하던 택시도 보인다.

1960년대 말의 시영 버스 내부와 차장의 모습. 지금의 지하철처럼 승객들이 마주 보고 앉았다. 차장 언니의 단정한 모습이 이채롭다. 승차 요금은 10원이었다.

142번 신촌 교통 버스와 차장 언니들. 2명의 차장 언니들이 앞문과 뒷문에서 각각 근무했는데 1973년 당시 시영 버스의 요금은 10원이었다. 지금은 1,050원이니까 무려 100배 올랐다.

한강 인도교에서 한강 철교 방향으로 찍은 사진. 지금의 노들길이다. 이 길이 40여 년 전에는 '유료고속도로'였다는 것이 믿어지지 않는다. 소형차 통행료가 10원이었다.

멀리 한강 철교는 아직도 그 자리에 있는데 노들길 옆으로 올림픽 대로가 보인다. 위 사진의 지점이 정확히 어디인지는 확인하기 어렵지만 한강의 모습이 참 많이 변했다.

소풍

초등학교 4학년 때 일이다. 반에서 유독 점심으로 김밥을 싸오는 친구가 있었다. 김밥이라고 해 봐야 단무지와 시금치 정도 넣은 소박한 것이었지만 우리는 그 친구가 그렇게 부러울 수가 없었다. 김밥이라는 음식은 소풍 때만 먹는 특식이었기 때문이다. 어린 시절의 소풍은 김밥 먹는 날이었다. 지금 생각해 보면 매일 김밥 도시락을 먹었던 친구는 좀 안됐다는 생각도 든다. 날마다 여러 가지 반찬을 먹는 친구들에 비해 매일 똑같은 음식만 먹었으니 싫증이 났을 법도 하다. 하지만 어쨌든 우리는 그 친구를 부러워했다.

우리는 북촌에 있던 학교를 다녔기 때문에 소풍은 대개 고궁으로 갔다. 1학년 때 경복궁이면 2학년 때는 창덕궁, 이런 식이었다. 그런데 3학년 때 큰 사고가 터졌다. 마포에 있던 경서 중학교 학생들이 버스를 타고 수학여행을 갔는데 그만 큰 사고가 난 것이었다. 철도 건널목에서 일단정지를 무시하고 달리던 버스가 기차에 받혀 무려 46명의 중학생들이 목숨을 잃은 사건이었다.

이후 소풍과 수학여행에는 큰 변화가 있었다. 차량을 이용해서 멀리 이동하는 소풍과 수학여행이 금지된 것이다. 그 뒤로 우리는 학교에서 도보로 이동할 수 있는 가까운 삼청 공원이나 종묘 등지로 소풍을 다녀왔다. 중학교에 올라가서도 마찬가지였다. 중학교 첫 봄 소풍도 비원으로 갔으니 비원 바로 옆에 살던 내게 소풍은 신선한 맛이 전혀 없었다. 그러다가 중학교 2학년 때 속리산에 1박 2일로 수학여행을 다녀 온 것이 가장 멀리 간 소풍이었다.

흔히 말하는 사이다와 삶은 계란의 소풍은 중학교 2학년 때는 이미 지나간 유행이었는지 모른다. 북촌의 아이들이라 생활 수준이 제법 되었는지 그중에는 귀한 바나나와 미제 초콜릿을 간식으로 가져오는 아이들도 있었다. 지금은 흔해 빠진 과일이 바나나이지만 1970년대 초반까지만 해도 수입이 금지되었던 바나나는 엄청나게 비싼 과일이었다. 남대문 시장 주변의 리어카에서 낱개로 팔던 바나나 한 개의 가격이 약 500원 정도였는데, 당시 라면 한 개가 20원이었다. 지금의 화폐 가치로 환산해 보면 바나나 한 개의 가격이 약 1만 원 정도 했던 것이다. 17세기 네덜란드에서 집 한 채 가격까지 폭등했던 튤립과 비교해 보면 당시의 바나나는 한국의 튤립이었던 셈이다.

어쨌든 버스를 타고 가는 소풍이 소원이었던 초등학교 시절은 이렇게 끝이 났다. 물론 중학교 때는 안양유원지나 북한산성같이 교외로 가기도 했는데, 당시의 교통수단을 타고 가기에는 너무 불편했다.

놀이 문화 : 다방구, 말타기, 비석치기, 사방치기, 구슬치기

우리 어린 시절에는 골목마다 아이들이 참 많았다. 학교가 끝나면 우리는 가방을 던지고 골목에 삼삼오오 모여들었다. 우리가 놀던 놀이는 크게 둘로 나뉜다.

먼저 맨몸으로 할 수 있는 집단 놀이를 들 수 있다. 대표적인 놀이로는 술래잡기와 다방구가 있었는데 술래잡기보다 다방구가 당시 최고의 놀이였다. 다방구에 대한 위키백과의 설명을 보자.

진(전봇대나 나무 등)을 지정한 뒤에 가위 바위 보로 술래 한 그룹을 정하고, 나머지는 모두 달아나서 숨는다. 술래가 숫자를 세어 일정 시간이 경과하면, 흩어진 사람들을 찾아내서 붙잡는데, 이때 술래에게 조금이라도 몸이 닿으면 진에 줄을 서야 한다. 여러 사람이 잡히면 먼저 잡힌 사람의 손이나 어깨를 잡고 선다. 이때 술래에게 잡히지 않은 사람이 술래 몰래 손을 갖다 대면 모두 풀려난다. 그렇지 않고 모두 잡히면 술래를 맡은 사람을 제외한 나머지 사람들끼리 다시 편을 짜서 새 술래를 정한다.

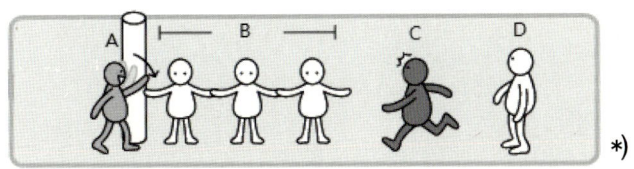
*)

위 그림을 통해 다방구 놀이를 설명해 보자. 그림에서 B는 이미 포로가 된 친구들이다. 손에 손을 잡고 어서 살려 줄 친구가 오기만을 기다리고 있다. D는 아직 죽지 않은 친구인데 술래 C가 잡으려고 필사적으로 쫓아다니고 있다. 그런데 아직 살아남은 A가 어디서 나타났는지 "다방구!" 하고 포로들을 풀어 준다. 이때 중요한 것은 A가 잡힌 친구의 몸에 터치를 해야 한다는 점이다. 그림에서 술래 C가 화들짝 놀라는 이유는 애써 잡은 포로들을 느닷없이 A가 나타나 다 풀어 주었기 때문이다. 물론 포로로 잡힌 3명(B)도 부동자세로 구원자가 오길 기다리지는 않는다. 포로들은 마치 한몸처럼 구원자가 오는 방향으로 신속하게 방향을 전환하며 집을 지키는 술래를 따돌린다. '뭉치면 살고 흩어지면 죽는다'라는 말이 다방구에서는 무엇보다 중요하다.

일반적으로 포로가 되면 '죽은 목숨'이라 기운이 빠지지만, 꼭 그렇지는 않다. 만약 좋아하는 여자 친구가 같이 잡히면 그 친구의 손을 잡을 수 있기 때문이다. 이렇게 되면 살아나는 것은 이미 관심 밖이다. 여자 친구

---

*) 본 삽화는 '다케쟈나이코리아' 사이트에 실린 그림을 편집한 것이다.
http://www.dai-go.co.jp/yyy_top/2005_12/korea/takejanai.html

다방구가 남녀 혼성 놀이였다면 말타기는 남자아이들만 할 수 있는 놀이였다. 말타기 놀이에서 최고 실력자는 제1번 기수이다. 맨 앞에서 가위 바위 보를 잘해서 이겨야만 또 탈 수가 있으니까. 덩치가 큰 아이들은 일부러 점프를 해서 말에 올라타기도 했는데 그러면 말들은 주저앉고 만다. 이럴 때 올라탄 아이들은 '찌부됐다!'라고 좋아하며 다시 한 번 말을 탔다. 사진에서 마지막에 말을 타려는 꼬마의 표정이 압권이다.

와 하루종일 손을 잡고 있으면 좋겠다는 생각뿐이다. 하지만 인생은 자기가 마음 먹은 대로 되지 않는 법, 뜀박질을 잘하는 놈이 요리조리 술래를 피해 연인처럼 손을 잡고 있는 이들을 풀어 놓는다. 어쩌면 그들을 살려준 놈도 같은 여자아이를 짝사랑했는지도 모른다. 좋아하는 여자아이가 다른 남자아이와 손을 잡고 있는 것이 못마땅했으리라. 어쨌든 다방구는 남녀가 함께할수록 재미있었고, 민첩함과 빠른 달리기 실력을 요하는 놀이였다.

다방구가 우리 시대의 놀이 문화를 대표하는 놀이였다면 그 외 다른 종류의 놀이도 많았다. 그 놀이란 도구를 가지고 노는 것인데 대표적인 놀이가 비석치기, 딱지치기 그리고 구슬치기였다. 어린 시절부터 놀았던 순서대로 이 놀이들을 설명해 보자.

먼저, 비석치기. 내가 살던 동네에서는 비석치기란 말 대신에 망까기란 말을 사용했다. 이 놀이는 돌을 비석처럼 세워 놓고 4~5미터 뒤에서 그 비석을 넘어뜨리면 되는 놀이이다. 대개 비석은 넓적한 돌이나 기와 파편을 삼각형 또는 사각형 모양으로 손바닥만하게 만들었다. 두 명이 할 수도 있지만 여러 명이 편을 갈라 하면 훨씬 더 재미있다.

상대방의 돌을 넘어뜨리는 방법에는 여러 가지가 있었다. 손으로 던지는 것이 가장 초보적인 방법이고, 돌을 상대방 비석에 가능한 한 가장 가까이 던진 다음 발로 쳐서 넘어뜨리는 방법은 제2단계였다. 그리고 돌을 배 위에 얹고 살살 걸어가서 '툭'하고 던져 서 있는 비석을 넘어뜨리는 방법, 그 다음에는 어깨 위에 돌을 얹어서 같은 방법으로 비석을 쓰러뜨렸다. 하지만 뭐니 뭐니 해도 가장 어려운 파이날 라운드는 이렇게 진행되었다. 먼저 돌을 상대방 비석에 최대한 가깝게 던진 다음 눈을 감고 엉금엉금 기어가서 돌을 찾는다. 이때 눈을 뜨면 절대 안 된다. 어렵게 찾은 돌을 가지고 눈 감기 전에 기억해 두었던 비석의 위치를 짐작하여 자기 돌을 던진다. 운 좋게 상대방 돌이 넘어지면 그걸로 경기는 끝난다.

지금 생각해 봐도 아이들의 운동 감각을 총동원하는 정말 훌륭한 놀이가 아니었나 싶다. 깨어진 기와 조각으로 이렇게 다양한 놀이를 할 수 있었다는 것을 요즘 아이들은 상상이나 할 수 있을까? 오히려 그게 뭐가 재미있냐고 반문할지 모른다.

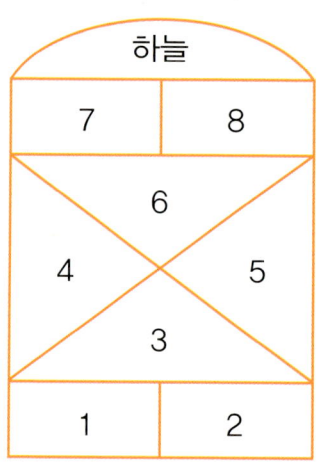

돌을 가지고 노는 놀이 중에는 사방치기도 빼놓을 수 없다. 돌 하나와 분필 한 조각만 있으면 아이들은 골목에 가득 차 있던 시절이라 선수를 구하는 것은 문제가 되지 않았다. 사방치기의 놀이 규칙을 보자. 옆의 그림처럼 땅바닥에 선을 긋고 가급적 평평한 돌을 준비한다. 그렇지 않으면 돌이 굴러서 선 밖으로 나갈 수 있기 때문이다. 놀이의 규칙은 간단하다. 1번에 돌을 던지고 외발이나 두발로 각 집을 찍고 돌아오는 자가 승리하는 경기이다. 그런데 주의할 것은 돌이 들어가는 번호에 따라 외발로 찍어야 하는 집이 있고 두발로 찍어야 하는 집이 있었다.

돌을 1번에 놓고 각 번호를 외발이나 두발로 찍은 선수는 7번과 8번을 두 발로 동시에 찍고 점프를 하면서 몸을 180도 돌려야 한다. 그러면 왼발과 오른발의 순서가 바뀐다. 그러고는 다시 외발로 돌아오면서 출발할 때 1번에 놓았던 돌을 가지고 돌아오면 된다. 만약 돌이 3번에 놓였으면 1·2번에 두 발, 4·5번에 두 발, 6번은 외발 그리고 7·8번은 두 발이 된다. 6번도 3번과 마찬가지 방법으로 가면 된다.

7·8번까지 모두 성공하면 최후의 일전이 선수를 기다리고 있다. 최고 난이도의 '하늘' 구간이 남은 것이다. 먼저 선수는 몸을 돌리고 뒤로 돌을 던진다. 그리고 만약 돌이 하늘에 들어가면 마지막 관문에 도전할 수 있다. 생각해 보라, 뒤로 돌을 던져 하늘에 들어가기가 쉬운 일이겠는가? 하지만 당시의 아이들은 이렇게 어려운 파이널 라운드 도전도 가뿐히 넘었다. 돌이 일단 하늘에 들어가면 7·8번까지 간 선수는 점프하면서 몸을 180도 돌린다. 그리고 가랑이 밑으로 손을 넣어 돌을 가져오면 경기는 끝이 난다. 하지만 돌이 하늘에 들어갔다고 안심해서는 안 된다. 왜냐하면 만약 돌이 너무 멀리 놓이게 되면 그 돌은 가져올 수 없는 성배(聖杯)가 되어 버리기 때문이다.

사방치기를 하다가 선수가 아웃되는 경우는 다음과 같은 경우이다. 먼저, 선을 밟으면 그 즉시 아웃이다. 이때 싸움이 일어날 소지가 많다. 한 놈은 밟았다고 우기고 또 한 놈은 절대 안 밟았다고 우기기 때문이다. 다음은 선수가 돌을 순서대로 던져 넣지 않는 경우인데, 예를 들어 3번에서 죽었던 선수가 다음 차례에서 4번에 돌을 넣으면 자동으로 아웃이 된다.

요즘은 캠핑을 가서 온 가족이 이 놀이를 하는 경우가 많다고 한다. 스마트 폰이나 태블릿 피시가 없으면 큰일이 나는 애들에게 꼭 한번 가르쳐 주고 싶은 놀이이다. 아이들의 신체 발달 및 운동 신경 발달에 얼마가 좋은 운동인가.

지금까지의 놀이가 신체 발달에 아주 좋은 놀이였다고 한다면, 구슬치기는 운동 감각 기관의 발달뿐만 아니라 또 다른 재미를 주는 놀이였다. 지금으로 치면 네트워크 게임에서 아이템을 많이 모으는 사람이 부러움의 대상인 것처럼, 구슬 놀이를 통하여 많은 구슬을 가진 아이는 모두가 부러워했다.

먼저 용어의 정리부터 하면 우리 어린 시절에는 구슬 대신 '다마[玉]'라는 일본말을 사용했다. 우리 부모님 세대는 대개 일제강점기에 태어나 일본어로 교육을 받으신 분들이라 우리는 자연스럽게 일본어를 자주 들으면서 자랐다. 그래서 웬만한 일본말은 대충 어깨 너머로 배웠다. 그중에서도 부모님의 비밀 대화에서 눈치로 짐작했던 말이 하나 있었는데 바로 '오카네[御金]'였다. 일본말로 '돈'을 의미하는 이 말은 부모님들이 자식들 앞에서 공개적으로 말하고 싶지 않았던 단어였을 것이다.

구슬의 종류에는 재질에 따라 유리 구슬, 뼈 구슬 — 사기로 만든 구슬이었을 것이다 — 심지어는 자동차 베어링에 사용되는 쇠 구슬도 있었다. 구슬치기는 일단 두 가지 놀이로 구분된다. 먼저 구슬을 가운뎃손가락 손톱과 엄지손가락 바닥으로 자기 구슬을 퉁겨서 상대편 구슬을 맞히면 그 구슬은 자기 것이 된다. 이런 게임이 개인전이라고 한다면 단체전 경기도 있었다.

먼저 삼각형을 그린 다음 각자 구슬 열 개 정도씩 갹출한다. 그런 다음 3~4미터 뒤 조준선에서 한쪽 눈을 감고 구슬을 엄지와 검지로 쥐고 삼각형 속의 구슬을 향하여 던진다. 그러면 선수의 구슬에 맞은 삼각형 속의 구슬들은 마치 볼링공을 던지면 핀들이 쓰러지듯이 사방으로 흩어진다. 삼각형에서 나간 만큼의 구슬이 자기 것이 된다. 우리는 이 구슬치기를 '깔빼기'라고 불렀다.

위의 경기 방식이 운동 감각을 길러 주는 놀이였다면 '홀짝'이나 '으치니쌈' 같은 놀이는 일종의 도박에 가까웠다. 홀짝은 상대방이 주먹 속에 들어 있는 구슬의 수가 홀수인가 아니면 짝수인가를 맞추는 단순한 게임이지만, 일본말에서 유래한 '으치니쌈'은 조금 복잡했다. 발음도 정확한 일본어 발음인 '이치니산[一二三]'이 아니라 '으니쌈'이었다.

이 게임의 방식은 다음과 같았다. 만약 내가 '쌈으치'라고 말할 때 상대방 주먹 속의 구슬이 3의 배수이면 내가 따고 끝자리가 1이 남으면 상대방이 내가 걸은 구슬을 몽땅 가져간다. 물론 끝자리가 2면 다시 게임을 한다. 앞에서 소개한 구슬치기가 구슬을 따기에는 많은 시간이 필요한 경기였지만, '으치니쌈' 같은 놀이는 짧은 시간에 많은 구슬을 딸 수 있는 일종의 도박 같은 경기였다. 어린 시절 눈물을 한 번씩 흘리게 했던 놀이였다.

최고의 오락, TV

어린 시절 텔레비전은 집안의 재산 목록 1호였다. 다음 사진 속의 TV는 금성사에서 1966년에 생산한 국산 1호 모델인데 당시 가격이 6만 3,510원이었다고 한다. 쌀 한 가마 값이 2,500원 하던 시절이니 TV가 얼마나 비싼 가전제품이었는지 짐작할 수 있다. 일본 히타치에서 기술을 도입하여 생산한 이 TV는 다리가 달린 모양을 하고 있었는데, 당시 서울의 상류층이 입식 생활에 익숙해져 있었기 때문이라고 한다. 그렇다 보니 집집마다 TV가 없던 시절, 동네 아이들은 TV가 있는 친구 집에 모여 TV를 시청하였다.

내가 초등학교 3학년 때인 1970년에 MBC가 개국을 했으니 그 전까지는 KBS와 TBC, 2개의 방송국만 있었다. 알다시피 TBC는 삼성 계열의 방송답게 철저한 상업 방송이었다. 그래서 서울에서는 대부분의 사람들이 TBC를 많이 시청했던 것 같다. 그런데 한 가지 이상한 사실을 대학에 들어간 다음에 알았다. 대전 출신의 동기들이 몇 명 있었는데 그 친구들은 〈황금박쥐〉와 〈아톰〉 같은 만화영화에 대해 잘 모르고 있었다. 당시 TBC는 전국 방송이 아니어서 대전에서는 시청을 할 수 없었기 때문이었다.

1960년대 말에서 1970년대 초까지 우리가 즐겨 보았던 프로그램 중에서 어른들은 미국 드라마 〈전투〉에 열광했고, 아이들은 일본 애니메이션에 푹 빠져 있었다. 드라마 〈전투〉는 제2차 세계대전을 소재로 하는 드라마였는데, 사람들에게 '선은 미국, 악은 독일'이라는 등식을 머릿속에 강하게 심어주었다.

하지만 우리 같은 아이들에게는 만화영화가 최고의 인기 프로그램이었다. 비록 색깔도 구별할 수 없는 흑백 만화였고, 〈황금박쥐〉, 〈요괴인간〉, 〈마린보이〉, 〈타

국산 최초 흑백 TV , 금성 VD-191(1966년 8월). 입식 생활에 익숙한 중산층을 겨냥한 모델이었다.

101

이거마스크〉, 〈우주소년 아톰〉 등 〈마린보이〉를 빼면 모두 다 일본 애니메이션 일색이었지만 우리에게 그런 문제는 중요하지 않았다.

일본 애니메이션에서는 흉측한 해골도 정의의 사도인 〈황금박쥐〉가 될 수 있었고, 사람과 짐승의 중간 존재인 〈요괴 인간〉은 이름처럼 요물스런 존재는 아니었다. 가끔은 〈마린보이〉 같은 미국 애니메이션도 인기를 끌었지만 우리는 조금 더 자극적인 일본 애니메이션에 끌렸다.

초등학교 저학년 시절, 우리나라의 애니메이션계에 획기적인 사건이 하나 일어났다. 미국의 디즈니 같은 영화사만 제작할 수 있는 극장판 애니메이션이 국내 기술로 제작된 것이다. 이름도 잊을 수 없는 〈홍길동〉과 〈호피와 차돌바위〉 등, 주로 신동우 화백과 그의 형 신동헌 화백이 제작한 장편 애니메이션 영화들이 극장에서 개봉되었다. 지금은 서울 극장으로 이름이 바뀐 세기 극장에서 이 영화를 봤다. 어린 시절 얼마나 생생한 감동을 받았던지 지금도 극장에서 〈호피와 차돌바위〉를 보던 그때의 감동을 간직하고 있다면 조금은 과장일까? 홍길동, 호피, 차돌바위, 활빈당, 곱단이 같은 캐릭터들은 어린이들에게 꿈을 주는 우상이었다.

놀거리와 볼거리가 많지 않았던 유년 시절을 보낸 우리와 미디어의 홍수 속에서 어린 시절을 보내는 요즘 아이들을 비교하면 어떤 차이가 있을까? 인간의 상상력은 듣지도 못하고 보지도 못한 것들이 많으면 많을수록 그 깊이가 더해지는 경향이 있다. 모든 정보에 100% 노출된 요즘 아이들보다 어린 시절의 우리가 더 많은 지적 호기심을 가지고 있었는지 모른다. 그렇기 때문에 한번 놓치면 다시 볼 수 없던 어린 시절의 애니메이션이 지금도 우리의 마음속에 고스란히 기억된 것은 아닐까?

TV 속의 정글, 프로레슬링

얼마 전에 전설적인 프로레슬러 역도산(力道山)에 관한 영화가 개봉된 적이 있다. 배우 설경구가 역도산 역을 맡아 열연을 했다. 우리에게는 조선인으로 알려진 역도산을 일본인들에게 꿈과 희망을 주었던 영웅으로 영화는 그리고 있다. 그는 점령군인 미국의 콧대를 납작하게 만든 일본 레슬링의 영웅이었다.

1960년 후반에서 1970년 초반의 한국, 온 국민은 '잘 살아보세'라는 일념으로 정말 열심히 일하고 있었다. 이 무렵 일본에서 역도산의 제자 한 명이 고국으로 돌아왔다. 그의 이름은 김일(金一). 역도산이 미국 선수를 제압하며 일본인들에게 희망을 주었듯이, 김일 선수는 고국의 형제들에게 통렬한 박치기 한 방으로 가슴 속의 응어리들을 날려 보냈다. 작은 동양 선수가 자신보다 덩치가 훨씬 큰 서양 선수를 제압하는 장면은 힘든

김일 선수의 필살기인 박치기 한 방이 터지는 순간. 사각 링의 신사 김일 선수는 경기 내내 상대방의 반칙에 고전하다가 저 박치기 몇 방으로 상대방을 쓰러뜨렸다. 박치기를 기다리는 상대 선수의 눈빛을 보라!

시대를 살고 있던 국민들에게 카타르시스를 주기에 충분했다.

김일 선수의 중계가 있는 날이면 동네 꼬마들은 TV가 있는 집으로 모두 모였다. 우리는 김일 선수의 박치기와 천규덕 선수의 당수에 환호했고, 때로는 난생 처음 보는 코브라트위스트 기술에 넋이 나갔다.

당대 최고의 프로레슬러인 김일 선수의 경기는 정형화된 줄거리가 있었다. 그는 경기 내내 상대 선수에게 끌려다녔다. 상대 선수 중에는 옷 속에 쇠붙이 같은 것을 몰래 숨겨 온 선수도 있었는데, 김일 선수는 그것으로 맞아 이마에서 피가 철철 흘렀다. 하지만 경기 내내 고전하던 김일 선수의 박치기가 나오면 경기는 그것으로 끝이었다. 한 발을 허공으로 들어 내리치는 박치기에 상대 선수는 혼수상태가 되어 그 자리에서 돌다가 이내 매트에 큰대자로 뻗었다. 서양인들에게 가지고 있던 경제적 혹은 신체적 콤플렉스가 한번에 날아가는 순간이었다.

그러던 프로레슬링이 어느 날 갑자기 TV에서 사라졌다. 장영철이라는 선수가 "프로레슬링은 짜고 하는 쇼다!"라고 폭탄선언을 한 것이다. 이후 우리는 더 이상 프로레슬링을 볼 수 없었고 김일 선수는 이후 쓸쓸한 노년을 보냈다. 베이비부머에게 꿈과 용기를 심어 주던 프로레슬링은 이렇게 사라져 갔다.

만화 키드

지금은 만화의 장르가 다양해지고 만화의 주인공은 캐릭터 산업의 모태가 되었지만, 우리의 어린 시절 만화는 '불량만화'라는 딱지가 붙어 있었다. 아마도 만화가 어린이들의 공부를 방해하는 주범이었기 때문이리

라. 그래서 어느 부모든 자식이 만화 가게에 간다면 좋아하는 부모가 없었지만, 우리는 부모님 몰래 만화 가게를 들락거렸다. 이따금 만화 가게에서 시간을 보내다가 어머니에게 들켜 집으로 끌려가는 아이들도 꽤 있었다. 하지만 침을 묻혀 책장을 넘기면서 보던 만화는 교과서보다 재미있고 우리들의 상상력에 날개를 달아 주었다.

북촌에는 학교 앞에 어김없이 만화 가게들이 있었다. 나는 계동 최소아과 바로 옆에 있던 만화 가게의 단골 손님이었고, 재동 초등학교 후문 앞에도 만화 가게가 하나 있었는데 주 고객층은 가회동에 살던 아이들이었다. 나는 개인적으로 임창, 김기백, 박기정 화백의 만화를 좋아했다. 특히 임창 화백의 만화에 등장하는 땡이, 맹구, 오삼이는 어떤 때는 동네 개구쟁이로, 어떤 때는 독립 운동의 투사와 배신자로 그 역할이 바뀌었다. 한 번은 작가가 세 주인공들을 프랑스 작품에 등장시켰는데 맹구의 이름이 '맹구르'로 바뀐 것을 보고 배꼽을 잡았는데, 아마도 《노틀담의 꼽추》를 패러디한 것으로 기억된다.

요즘 피시방에서 컵라면을 비롯한 간식을 파는 것처럼 당시의 만화 가게에서도 떡볶이를 비롯한 군것질거리를 팔았다. 그중에서는 '아톰바'라는 것이 있었는데, 지금으로 치면 편의점에서 파는 어묵꼬치였다. 단지 차이가 있다면 어묵꼬치가 아이스크림을 담던 하드통 같은 곳에 담겨 있었다는 것이다. 아톰바는 당대 최고의 일본 애니메이션인 〈우주 소년 아톰〉에서 캐릭터를 빌어 왔는데, 강박사가 아톰에게 에너지의 원천이 아톰바에 있다는 TV 광고까지 등장할 정도였다. 아톰의 초능력이 어묵꼬치를 먹어서 생겼다는 광고가 지금 생각하면 유치하지만 당시에는 그 광고가 통했다.

당시에는 두 종류의 만화가 있었는데 하나는 앞에서 이야기한 만화였고, 두 번째는 만화 잡지에 실린 만화였다. 《새소년》, 《만화왕국》, 《소년중앙》 등과 월간 잡지들이 당시의 어린아이들이 달마다 기다리던 만화 잡지였다. 나는 《소년중앙》 팬이었고, 매달 잡지가 나오는 날이면 동네 문방구로 달려가 책을 구입했는데, 문방구 주인 아저씨는 정가 200원의 책을 180원에 할인해 주었다.

《소년중앙》에서 가장 인기 있던 만화는 역시 길창덕 화백의 〈꺼벙이〉였다. 머리에 기계충 흉터가 있던 꺼벙이는 당대 최고의 인기 캐릭터였다. 어눌하지만 유쾌하고 장난기 많은 꺼벙이는 우리 모두가 좋아하던 주인공이었다. 만약 요즘에 꺼벙이 같은 아이가 있다면 어떻게 될까? 학교에서는 문제아, 친구 사이에는 왕따를 당하지나 않을까 걱정된다.

《소년중앙》의 라이벌인 《새소년》에는 고우영의 〈대야망〉이 간판 만화였다. 훗날 〈일간스포츠〉에 〈수호지〉를 연재하기 전에 고우영 화백은 아이들에게 꿈을 주던 만화가였다. 당시에는 여자아이들이 즐겨보던 순정만화도 많았는데 〈유리의 성〉이 대표적인 작품이다. 훗날 알고 보니 이 작품들은 일본 만화를 베낀 것들이라서 실망을 했지만.

이 밖에도 베이비부머들이 즐겨 보던 만화는 〈소년동아일보〉에 연재되었던 김삼의 〈소년 007〉, 〈소년한국일보〉의 〈사랑의 학교〉가 있었다. 〈사랑의 학교〉는 《먼나라 이웃나라》의 저자인 이원복 교수가 독일로 유학 가기 전에 그린 작품이었는데 감동적인 이야기들이 많았다.

〈심술통〉으로 유명했던 이정문 화백이 1965년 한 잡지에서 2000년의 세계를 상상한 그림이다. 35년 전에 작가가 상상한 것들이 2000년의 현실에서 거의 모두 이루어졌다. 베이비부머들은 이런 만화를 보면서 상상력을 키워갔다.

동네 만화 가게에서 한창 인기가 있던 임창 화백의 주인공들. 왼쪽이 주인공 땡이, 오른쪽은 오삼인데 주로 야비한 역할로 등장했다. 맹구의 사진이 없어 아쉽다.

《소년중앙》의 간판 스타 꺼벙이. 머리에 기계충 자국이 트레이드 마크이다. 동네에서 온갖 말썽을 피우는 개구쟁이지만 미워할 수 없는 주인공이다.

헐리우드 키드

요즘의 한국 영화는 세계에서 유래를 찾아볼 수 없을 정도로 그 경쟁력이 높다. 1990년대 스크린쿼터제를 사수하기 위해 삭발까지 했던 영화 관계자들의 근심은 기우였던 것 같다. 어쨌든 한국 영화는 전성기를 구가하고 있다. 하지만 한국 영화의 르네상스는 우리가 태어나기 이전인 1950년대였다. 이러한 흐름은 베이비부머 세대들이 극장을 자주 찾던 1960년대에도 이어졌다.

여기서는 한국 영화사의 관점이 아니라 베이비부머 세대들이 자라면서 환호했던 영화들에 대해 이야기해 보자. 먼저 우리가 초등학교에 들어가기 전인 1967년에 〈대괴수 용가리〉가 개봉되었다. 얼마 전 TV에서 다시 봤는데 이순재 씨의 젊은 모습이 특히 인상적이었다. 용가리는 사람이 괴수 모양의 분장 속에 직접 들어가 연기를 했으므로 사실성은 떨어졌지만, 미니어처로 만든 한강 철교를 용가리가 파괴하는 장면은 당시로서는 충격이었다. 요즘처럼 화려한 CG에 익숙한 아이들이 이 영화를 보면 유치하다고 할 테지만, 그때는 말 그대로 장안의 화제작이었다. 이어서 〈우주괴인 왕마귀〉 같은 아류 작품들도 잇달아 개봉되었다.

초등학교 시절, 우리는 〈호피와 차돌바위〉 또는 〈용가리〉같이 주로 아

국내 최초의 애니메이션 영화인 〈홍길동〉. 1967년, 당시 대한 극장과 세기 극장에서 동시에 개봉되었다. 속편인 〈호피와 차돌바위〉도 흥행에 성공을 거두었다.

동들을 위한 애니메이션 영화에 열광했는데, 중학교에 진학하면서 선호하는 영화의 장르가 바뀌었다. 불세출의 쿵푸 스타 이소룡이 나타난 것이다. 사실 이소룡 이전의 홍콩 영화는 왕우 같은 배우가 주로 주인공을 맡았었다. 외팔이로 등장했던 검객 왕우의 칼 솜씨는 귀신같았지만, 아이들이 따라 하기에는 어려웠다. 칼을 구할 수도 없고 영화처럼 빠른 속도를 흉내 낼 수도 없었다. 하지만 이소룡은 달랐다. 문방구에서 쌍절곤을 구입해서 집에서 열심히 운동하면 비슷하게 흉내 낼 수 있었다. 〈말죽거리

이소룡 이전의 홍콩 스타는 역시 왕우였다. 허리우드 극장에서 1970년에 개봉된 〈의리의 사나이 외팔이〉. 낙원 상가는 학원, 예식장 그리고 극장이 모두 입주해 있는 당시의 복합 상가였다.

잔혹사〉의 권상우처럼 당시 우리는 쌍절곤을 하나씩 구입해서 열심히 연습했다. 하지만 미인박명이라고 하던가? 이소룡은 약물 과다 복용으로 요절하고 말았다. 이후 이소룡의 영화는 신화가 되었다.

  개인적으로 영화에 빠져 있던 중학교 시절, 나는 토요일 수업이 끝나면 집에 책가방을 팽개치고 영화를 보러 시내로 나갔다. 그런데 보고 싶은 영화는 대개 미성년자 관람불가였고, 중학생이 볼 수 있는 영화도 별로 없었다.

한번은 이런 일도 있었다. 중학교 2학년 때 〈엑소시스트〉란 영화가 허리우드 극장에서 개봉을 했다. 그런데 이 영화는 고등학생 이상만 관람할 수 있었다. 볼 수 없는 영화는 더 보고 싶은 법이다. 호기심이 발동한 나는 친구들과 사복을 입고 긴 줄에서 표를 사려고 기다리고 있었다. 하지만 극장 직원이 키 150센티미터의 중학생을 단번에 알아봤다. 결국 나 때문에 친구들도 영화를 볼 수 없었다. 지금 생각하면 친구들에게 미안하기 그지없다.

　그렇지만 나는 거기에서 포기하지 않았다. 당시에는 일류 극장에서 상영된 영화는 다시 이류 극장에서 재개봉을 했는데, 바로 이류 극장이 나의 목표였다. 왜냐하면 거기에서는 수월하게 입장할 수 있었기 때문이었다. 그런 극장들은 주로 사대문 밖에 있었지만, 영화를 보겠다는 일념 앞에서는 더 이상 장애물이 되지 않았다.

　중학교 시절에는 홍콩 영화 〈사랑의 스잔나〉같이 서정적인 하이틴 영화가 장안의 화제작이었다. 진추하와 아비의 아름다운 주제가는 지금 들어도 좋다. 한국 영화 중에는 이덕화와 임예진이 주연했던 〈진짜 진짜 좋아해〉 등과 같이 교복 세대만이 공감할 수 있는 영화들이 추억 속에 남아 있다. 하지만 그렇게 청초하던 우리들의 우상 임예진이 중년 여인이 되어 연기를 하는 것을 보면 조금은 실망스럽다. 물론 여자가 나이를 먹으면 더 씩씩해지고 남자는 여성스러워진다고 하지만, 그래도 청소년 시절의 아름다운 추억이 깨진 것 같아 아쉽다.

서울에서 70mm 영화를 상영할 수 있었던 유일한 극장이었던 대한극장. 사진은 1961년에 찍은 것인데 〈벤허〉의 제작연도가 1959년이므로 2년 뒤에 한국에서 개봉할 때의 모습이다. 오른쪽에 디즈니의 〈신데렐라〉도 보인다. 나는 이 영화를 1972년 재개봉할 때 봤다. 엄청난 스크린에서 펼쳐지는 전차 경주는 평생 머릿속에 각인되었다. 극장의 설계는 미국의 20세기폭스 사가 했다고 한다. 당시로서는 1,900석의 관람석을 갖춘 한국 최대의 단일관이었다.

2012년 대한극장의 모습. 1956년 개관 당시의 위용은 찾아보기 힘들게 변모했다. 미적 기준이 기능적 잣대 앞에서는 무용지물임을 잘 보여주고 있다. 웅장했던 옛 건물과 너무 대비가 된다. 궁금한 것은 옛날 극장의 파사드(facade:정면)가 훨씬 컸다는 것이다. 도시 미관을 파괴하는 주범은 역시 상업용 간판과 광고들이다.

지금은 없어진 낙원동의 문화극장. 뒤에 천도교 예배당이 보이는 것으로 봐서 운현궁 자리에 있던 덕성여대에서 찍은 듯하다. 초등학교도 가기 전에 저 극장에서 흑백 영화를 보던 기억이 나는데, 인상 깊었던 것은 월남에 파병된 국군 뉴스를 본 영화 상영 전에 보여주었던 것이다. 뉴스가 영화관에서 전달되던 시절이었다.

클리프 리처드(Cliff Richard)

영국의 팝송 가수 클리프 리처드 군(29) 등 일행 6명이 우리나라에 온 김포 공항은 이들을 마중 나온 200여 명의 단발머리 소녀들로 일대 수라장. 대부분이 학교에도 가지 않은 채 공항에 나온 이들은 클리프 일행이 비행기에서 내리자 그들의 초상화가 그려진 피키트를 높이 쳐들고 일제히 기성을 질렀으며 더러는 울음을 터뜨리기도. (중략) 이를 지켜본 공항직원과 진땀을 뺀 경찰들은 "너무나 한심해서 말이 안 나온다"면서 소녀들의 광태를 나무랐고 "한국 여성의 미덕을 저 애들이 짓밟아 놓았다"고 개탄하기도……

위의 신문 기사를 보면 영국의 한 가수가 내한 공연을 위해 방문한 것임을 알 수 있는데, 기사 내용에서 조금은 이상한 부분이 보인다. 먼저 영국 가수가 인천 공항이 아닌 김포 공항으로 들어온 점이고, 둘째는 소녀 팬들의 열광적인 반응을 한국의 미덕을 짓밟아 놓았다고 개탄하는 경찰의 태도이다.

사실, 위의 내용은 1969년 10월 16일자 〈경향신문〉 3면에 실린 기사이다. 당시 클리프 리처드는 당대 최고의 팝송 스타였으며, 시민회관에서 열렸던 공연은 지금도 인구에 회자되고 있다. 당시 이 공연에는 여대생 팬들뿐만 아니라 고3 여고생들도 많이 갔다고 한다. 바로 필자의 큰누님이 52년생 용띠이다. 1969년에 딱 고3이었던 큰누님도 이 공연에 갔던 것 같다.

요즘의 어른들은 청소년들이 연예인들에게 열광하는 모습을 보며 혀를 차기도 한다. 하지만 점잖은 어른들도 예전에는 클리프 리처드에 열광하던 불같은 열정을 가지고 있었다는 것을 왜 기억하지 못할까?

위의 기사가 실린 신문의 1면에는 미국에서 수백만 명이 반전 시위에 참가했다는 기사가 외신 1면을 장식하고 있다. 검은 완장을 차고 촛불 집회도 있었다는 기사도 보인다. 월남전에 반대하는 여론이 비등했던 시대였고 젊은이들은 히피 문화에 빠져 있었다. 그런 영향을 고스란히 받았던 때가 우리의 1970년대 초반이다. 나는 큰누님의 영향 덕분에 가사도 모르는 팝송을 흥얼거렸고, 머리도 누님 덕분에 길게 길렀다.

생텍쥐페리(Saint-Exupéry)의 《어린왕자(Le Petit Prince)》서문에서 저자는 자신의 책을 레옹 베르트라는 친구에게 바친다고 적었다가, 나중에는 어린 시절의 레옹 베르트에게 바친다고 수정한다. 그리고 덧붙이기를 어른들은 자신들이 어린이였다는 사실을 잊고 산다고 말한다.

고대 이집트 고분에 '요즘 것들은 버릇이 없다'라는 낙서가 있다고 한

1969년 클리프 리처드의 공연에서 열광하는 한국의 팬. 아마 지금은 환갑이 지났을 듯싶다. 손녀딸이 빅뱅 공연에서 저렇게 환호성을 지르면 혹시, "우리 때는 안 그랬는데……"라고 이야기할까?

다. 기성세대의 눈에 젊은이들은 동서고금을 막론하고 버릇없는 세대로 보이는 것 같다. 자식을 낳아 키우다 보면 자신들의 잣대로 아이들의 행동을 정의하는 경우가 많다. 하지만 자신이 아이들 나이었을 때를 생각해 보면 이해 못할 것도, 용서 못할 것도 없을 듯하다.

3장
"박○○! 넌 회충!"

아날로그 시대의 추억, 다이얼 전화

　원서동 한옥집에는 전화가 한 대 있었다. 지금이야 모든 사람들이 휴대폰을 가지고 있지만 1960년대 중반에는 전화가 있는 집이 드물었다. 당시 신문을 보면 집 전화 한 대에 붙은 프리미엄이 웬만한 집 한 채 값이었다고 한다. 그렇다 보니 어느 집의 전화는 그 동네의 공중전화가 되기도 했다.

　초등학생 때 옆집에는 초등학교 동창이 살고 있었다. 그런데 그 아이는 어머니가 아닌 외할머니와 함께 살고 있었다. 지금 생각해 보면 어머니가 개가를 하고 딸을 친정 어머니에게 맡긴 것이 아닌가 하는 생각이 든다. 그리고 그 할머니는 개가한 딸에게 우리 집 전화번호를 알려준 듯하다. 그래서 그 할머니를 찾는 전화가 우리 집으로 자주 왔다. 전화가 오면 나는 재빨리 옆집으로 달려가 할머니에게 알려드렸다. 아마도 친구의 어머니는 외할머니와 살고 있을 딸 생각이 자주 나셨던 것 같다.

　우리 모두에게 집 전화는 내 가족과 나의 친구들을 연결해 주는 교환원이었다. 지금처럼 각자가 휴대폰을 가진 것도 아니었으니, 친구와 통화를 하고 싶으면 친구 집에 전화를 걸어야 했다. 친구 어머니께서 전화를 받으면 먼저 자신의 이름을 밝힌 뒤 인사를 하고 친구를 찾았다. 어른들에

LG 그룹의 전신인 금성사에서 제조한 국산 다이얼 전화기. '간첩신고 113, 화재 119, 범죄 112'라는 문구가 보인다. 다이얼을 돌리면 '따르륵 따르륵' 소리가 났다.

게 본인의 됨됨이가 드러나는 순간이다. 부모님들은 자식과 친한 친구가 누군지, 그리고 그 친구가 어떤 아이인지 알 수 있었다. 하지만 요즘은 어떤가? 같은 반 급우 외에는 자식이 어떤 애들과 친한지 잘 알 수가 없다.

전화기 한 대를 식구들이 공유한다는 것은 가족 간에 소통을 할 수 있는 공간이 있다는 의미였다. 그러나 요즘은 자신만의 영역을 만든 채 외부에는 좀처럼 그 문을 열지 않는다. 심지어 부모에게도. 소통의 기술이 첨단으로 진화하고 있지만 소통의 통로는 오히려 막혀 버린 시대에 우리는 살고 있다.

스마트폰의 진화는 거꾸로 우리의 기억력을 퇴화시켜 버렸다. 예전에는 웬만큼 중요한 전화번호는 외워야 했는데, 그렇지 않으면 낭패를 볼 수밖에 없었다. 하지만 요즘은 솔직히 자식들의 휴대폰 번호조차 가물가물할 때가 있다. 단축키에 저장만 해놓으면 그 번호를 암기할 필요가 없기 때문일 것이다. 그렇다 보니 이런 상상도 해 보았다. 어느 외딴 곳에서 휴대폰을 잃어버렸다고 가정하자. 주변에는 공중전화도 없다. 할 수 없이 마을 입구 가게에 가서 전화 한 통을 걸 수 있느냐고 부탁했다. 하지만 중요한 전화번호는 생각이 나지 않는다. 저장 매체가 다양하고 그 용량도 커졌지만 그 저장 매체를 잃어버리면 아무 소용이 없게 된다.

잘 알고 있는 것처럼 다이얼 전화는 아날로그 방식이고 휴대폰은 디지털 방식이다. 다이얼 전화로 전화를 해 본 사람들은 다이얼이 얼마만큼 회전하느냐에 따라 '0'에서 '9'까지의 신호를 보낸다는 사실을 알고 있다. 즉, '1'을 조금만 더 돌리면 '2'가 되고, '2'를 조금만 더 돌리면 '3'이 되는 방식이다. 하지만 디지털 방식은 어떤가? '1'은 '1'에 할당된 버튼을 눌러야 되고 '5'는 '5'에 할당된 버튼을 눌러야 한다. 두 숫자 사이의 연결 고리는 존재할 수 없다. 이것이 아날로그의 사고방식과 디지털 사고방식의 차이는 아닐까? 우리가 자라던 시절에는 합리적으로 설명할 수 없는 사회적 현상들이 참으로 많았다. 대가족이 모여 살면서 가장이 부모를 봉양

하는 동시에 결혼을 하지 않은 동생들의 출가를 책임져야 했으니, 지금의 디지털 사고 방식으로 생각하면 이해하기 힘들 것이다. 자기 일은 자기가 풀어 나가야 하고, 자기에게 주어진 권리는 신성불가침의 권리라고 생각하는 디지털 세대에게 '이럴 수도 있고 저럴 수도 있는 것이 세상사'라고 설명하는 것은 지나친 궤변일까?

쓰레기를 치우는 '소녀'

아침 출근길, 여느 때처럼 라디오를 들으며 운전을 하고 있었다. 진행자가 다음 곡은 바다르체프스카(Tekla Badarzewska)의 〈소녀의 기도〉라고 소개하였다. 순간 머릿속에 두 가지 생각이 떠올랐다. 하나는 이 곡이 초등학교 시절 피아노를 배우던 아이들의 필수곡이었다는 사실과 또 하나는 이 곡을 들으면 어린 시절 일주일에 한 번씩 왔던 청소차에 대한 기억이다.

당시에도 지금처럼 쓰레기를 버리는 일은 성가신 일이었다. 각 집의 쓰레기 처리 방법에는 두 가지가 있었다. 첫 번째 방법은 대문 옆에 철제 쓰레기통을 놓거나 콘크리트로 만든 붙박이 쓰레기통을 벽에 설치하는 방법이 있었다. 즉, 대문 옆에 콘크리트로 만든 작은 쓰레기 집을 벽에 설치

오른쪽에 보이는 두 개의 쓰레기통이 베이비부머들에게 친숙한 쓰레기통이다. 옆에 손잡이가 보인다. 저걸 청소차로 옮겨 비워야 한다.

서울 시청 홈페이지에서 찾은 1960년대 말의 청소차. '청소만점 봉사한다'라는 글귀가 재미있다. 운전석 위에 확성기가 보인다. 여기에서 〈소녀의 기도〉가 울려 나왔다. 클래식과 청소의 절묘한 조화. 트럭에는 신진 자동차의 로고가 선명하다.

하는 방식이었다. 직육면체의 쓰레기통에는 두 개의 구멍이 있었는데, 머리에는 쓰레기 투입구가 있었고 배에는 쓰레기 배출구가 있었다. 각각의 구멍은 쇠판으로 뚜껑을 만들어서 닫아 놓았다.

지금 생각하면 자기 집만 깨끗했지 집 밖에는 쓰레기 악취가 났다. 1970년대 초반의 위생 개념이 이러했다. 게다가 겨울철이면 타고 남은 연탄재는 쓰레기통 옆에 수북이 쌓였다. 눈이라도 많이 내릴 때면 하얗게 탄 연탄을 부수어 빙판길에 고루 뿌렸다. 염화칼슘이란 것은 본 적도 없던 시절의 이야기이다.

쓰레기 처리의 두 번째 방식. 쓰레기통이 도시 미관을 해치고 위생에도 좋지 않다는 여론이 많아지자 쓰레기 수거 방법이 바뀌었다. 아마도 골목길에 쓰레기를 방치하는 것이 문제였을 것이다. 그래서 등장한 것이 쓰레기 청소차였다. 지금은 청소차가 비닐봉지에 담긴 쓰레기를 담아가는 방식이었지만 그 당시에는 지금과 달랐다. 일단 청소차가 동네에 들어왔다는 것을 주민들에게 알리는 것이 순서였다. 이때 청소차가 왔다는 신호가 바로 〈소녀의 기도〉였다. 확성기를 타고 흐르는 피아노 소리는 집집마다 쓰레기를 빨리 가져 나오라는 호출 신호였던 것이다. 음악이 흐르면 각 집마다 쓰리기를 잔뜩 들고 나와 청소차에 냅다 던져 버린다. 이렇게 쓰레기를 처리하면 다시 동네는 조용해지고 청소차는 옆 동네로 떠난다.

위생에 관한 이야기가 나온 김에 하나만 더 이야기하자. 당시 서울 북촌 한옥 마을에는 수세식 화장실이 거의 없었다. 이른바 '푸세식' 변소가 대부분이었다. 1960년대 후반 한옥 마을에서는 1년에 몇 번 정도 분뇨차가 방문을 했다. 차가 들어오면 인부는 큰 인분통을 양쪽 어깨에 걸고 각 집을 돌며 인분을 퍼서 통에 가득 채웠다. 하지만 신기하게도 가득 찬 인분은 한 방울도 길에 떨어지는 법이 없었다. 물론 암모니아 냄새는 천지를 진동했지만.

이것이 우리 어린 시절의 모습이다. 청소차가 납시는 날에는 동네의 모든 어머니들이 집안의 쓰레기를 들고 나왔고, 비록 푸세식 변소라서 위생은 엉망이었지만 사람 사는 냄새가 진동하던 시절이었다.

공포의 채변봉투

위생 개념이 지금과 같지 않았던 시절, 해마다 봄이 돌아오면 우리를 괴롭히던 봉투가 있었다. 이름 하여 '채변 봉투'. 당시에는 밭에 인분을 부어 채소를 재배했기에 기생충 보유자들이 많았다. 1965년의 신문 보도에 따르면 전체 국민학생의 60%가 회충, 편충, 촌충 등과 같은 기생충을 보유하고 있었다고 한다. 국민의 건강 상태가 이렇다 보니 정부에서는 기생충 보유자들을 찾아내기 위한 고육지책을 내놓았는데 그게 바로 채변 봉투였다.

채변 봉투는 3월 새 학기에 담임 선생님께서 나눠 주셨다. 하얀 봉투 속에는 작은 비닐 주머니가 있었는데 그 속에 대변을 담아 와야 했다. 지금처럼 밀봉이 잘 되는 비닐 봉투가 없었던 시절이라, 어머니는 촛불로 비닐 봉투를 밀봉한 뒤에 그것도 모자라 무명실로 비닐 봉투를 단단히 동여매셨다.

고등학교 1학년 때였다. 그해 봄, 담임 선생님은 학생들에게 채변 봉투를 나눠 주셨다. 나는 성실하게 채

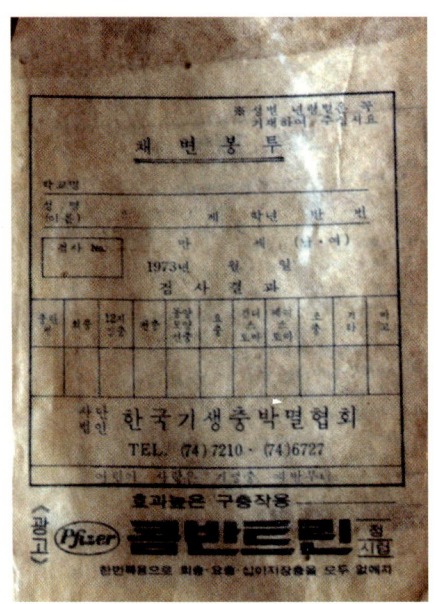

해마다 봄이면 나눠 주던 공포의 채변 봉투. 가끔 내용물을 너무 많이 담아 오던 녀석들도 있었는데, 저 봉투가 터지면 그야말로 낭패였다. 가방 속에 도시락과 함께 가져가야 했기 때문이다.

변 봉투를 잘 가져가는 편이었는데, 그 해에는 꾀가 생겼다. 집에 돌아와서 대변 대신 장독대의 된장을 한 숟가락 퍼서 그럴듯하게 봉투에 넣어 제출하였다. 그리고 1~2주가 지났다.

"박○○! 넌 회충!"

이렇게 호명하며 담임 선생님은 구충제를 나눠 주셨다. 그러면 해당 학생은 다소 겸연쩍게 약을 받아 오고, 주변의 아이들은 낄낄거리며 웃었다. 그러나 그렇게 웃던 녀석 중에는 기생충 요양소처럼 회충, 편충, 요충 등을 모두 보유한 다관왕도 있었다. 역시 남의 불행을 비웃으면 안 되는 법이다.

드디어 내 차례가 왔다. 똥인지 된장인지 구분을 못한다는 말처럼 채변 검사소에서 구분을 못했을 테니 올해는 무사히 약을 안 먹고 지나갈 것이라고 생각했다. 하지만 담임 선생님은 내 이름을 크게 불렀고, 이번에는 구충제 대신 회초리 세례가 날아왔다. 다음부터 채변 봉투 가지고 장난질 하면 경을 칠 것이라고 야단치셨다. 하지만 워낙 성품이 인자하신 분이라서 크게 화를 내시지는 않고 그저 기막혀 하는 모습이셨다. 졸업한 지 30년 되던 해에 다시 만난 선생님께서는 역시 인자하게 늙어 계셨다.

머리카락 파이소!

요즘도 트럭 등을 타고 주택가를 돌며 고장 난 컴퓨터나 가전제품들을 사겠다는 분들이 있다. 확성기에 대고 미리 녹음된 내용을 틀며 동네를 누비고 다니는 분들이다. 동네 반찬가게에는 금을 사겠다는 광고도 보인다. 금값이 많이 오른 탓도 있지만 예전보다 생활 수준이 많이 올랐음을 잘 보여 주는 광고이다. 어쨌든 사고 싶은 물건들이 예전과는 많이 달라졌다.

우리 어린 시절의 골목에서는 이런 소리들이 자주 들렸다.

"고물 삽니다, 고물~~!"
"구멍 난 냄비나 머리카락 파이소~~!"
"전복 껍데기 파세요~~!"

어린 시절, 골목길의 단골손님은 역시 고물장수들이었다. 이분들은 리어카를 가지고 매일 동네에 출근을 했는데 양은그릇이나 고장 난 선풍기 등을 가리지 않고 사갔다. 어머니들은 필요 없는 그릇 등을 가지고 나갔는데, 고물장수는 돈으로 바꿔 주는 경우도 있었지만, 대개는 엿이나 강

골목의 재활용 전문가들이 넝마를 수집하러 눈이 오는 날에도 길을 나서고 있다. 이분들은 소리 없이 골목에 나타나 우리가 버린 것들 중에서 필요한 것들만 쏙쏙 저 소쿠리에 담아 갔다.

냉이 등으로 교환해 주었다. 개구쟁이 중에는 엿을 먹고 싶어서 멀쩡한 그릇을 가지고 나갔다가 어머니한테 불호령을 듣는 일들도 있었다.

리어카를 가지고 고물을 수집하는 사람은 그래도 형편이 나은 장수이다. 넝마주이라고 불렸던 분들이 있었는데, 이분들은 사진처럼 큰 소쿠리를 어깨에 메고 매일같이 이 동네 저 동네의 폐품들을 싹쓸이해 갔다. 각 집의 담에 붙어 있던 콘크리트 쓰레기통이 재활용품을 찾는 이분들의 보고(寶庫)였다. 한때는 아이를 저 소쿠리에 담아간다는 괴담이 돌아 아이들에게는 공포의 대상이었고, 어머니들은 "너 공부 안 하면 저렇게 된다"라며 닮아서는 안 되는 롤모델로 자주 인용되었다. 지금 생각하면 당시의 부모님들은 자식 교육에 지나치게 이기적이었던 것 같다.

고물장수와 넝마주이가 재활용의 첨병이었다면, 다른 분들도 골목에 자주 나타나 필요한 물건들을 구매했다. 그들이 구하는 물건은 머리카락이나 전복처럼 특별한 것들이었다. 어린 시절 우리 같은 어린아이들에게 제일 궁금한 것은 역시 머리카락이었다. 나중에 머리카락이 가발의 재료라는 사실과, 전복은 어머니들이 가장 갖고 싶어 하던 자개농의 재료라는 사실을 알았다.

요즘은 물자들이 넘쳐난다. 우산도 필요하면 편의점에서 1회용 우산을 구입하고 한번 쓰면 버린다. 당시에는 파란색 비닐 우산이 있었는데 언제부터인지 그 우산은 우리 주변에서 사라졌다. 다섯 남매가 살던 우리 집에서는 비만 오면 일찍 등교하는 순서로 우산을 들고 나갔기 때문에 제일 늦게 등교하던 나는 찢어진 우산을 들고 가는 날이 많았다. 물자가 부족하기도 했지만 아껴 쓰려는 절약 정신이 그 시대의 미덕이었다.

어머니는 겨울이면 벙어리장갑이나 스웨터를 손수 짜서 입혀 주셨다. 특히 어린 시절의 벙어리장갑은 잃어버리지 말라고 두 장갑을 털실로 이어 주시는 각별한 배려도 해 주셨다. 또한 매일 매일 한 장씩 뜯어 버리는 일력이라고 부르는 달력이 있었다. 사전 종이처럼 얇았는데, 어른들은 일력을 매우 좋아하셨다. 두루마리 휴지가 나오기 전까지 일력을 화장실의 화장지 대용으로 썼기 때문이다.

구멍이 난 냄비까지 땜질해서 쓰던 시절, 그때는 모든 것이 부족했다. 하지만 사람들의 마음은 풍성했던 것 같다. 사는 수준이 모두 비슷해서 그랬을까? 빈국인 부탄의 행복지수가 가장 높다는 통계가 당시의 우리 현실을 보여주는 것은 아닐까 하는 생각이 든다.

월드컵 키드

2002년 월드컵에서 대한민국이 4강에 들어간 이후 지금은 월드컵에 출전하는 것을 당연한 것으로 받아들이지만, 우리 세대와 이전 세대에게 월드컵은 정말 넘기 어려운 마의 벽이었다. 스위스 월드컵에 아시아 최초로 출전했지만 헝가리와 체코에게 핸드볼 스코어 차이로 졌다. 이 경기는 TV에서 월드컵 예선 중계를 할 때마다 단골로 등장하는 안줏거리였다.

내가 처음으로 월드컵을 알게 된 것은 정확히 초등학교 3학년 때인 1970년, 멕시코 월드컵 때였다. 이 대회에서 축구 황제 펠레가 활약한 브라질이 통산 3회 우승으로 줄리메컵(Jules Rimet Cup)을 영구 소장하게 되었다. 당시에는 위성 중계란 말 대신에 우주 중계란 표현을 사용했다. 위성으로 전파를 수신한다고 해서 붙여진 이름이다. 최초의 우주 중계는 무하마드 알리 — 당시 이름은 케시어스 클레이 — 와 조 프레이저의 헤비급 권투 경기였던 것으로 기억한다. 1970년의 멕시코 월드컵은 당시에 막 개국한 MBC에서 중계를 했는데, 그것도 늦은 밤에 녹화로 경기를 보여줬다. 아버지와 나는 매 경기를 함께 시청했는데 아버지는 아마 경기 결과를 다 알고 계셨을 것이다.

나중에 성인이 되어 알았지만 그 전대회인 1966년 런던 월드컵에서 북한은 8강에 들었다. 당시 축구협회는 사상 최강이었던 북한과 맞붙을 경우 승산이 없을 것 같아 지역 예선에도 나가지 않았다고 한다.

초등학교 3학년 시절 우리는 월드컵 축구에 열광했을 뿐만 아니라, 동시에 스스로가 펠레, 자일징요, 산토스 같은 브라질 축구 선수들의 아바타들이었다. 우리는 한국 대표팀이 그 다음 대회에서는 꼭 본선 무대에 오르기를 염원했고, 실제로 정말 본선에 오를 뻔 했다.

1974년 대회는 서독에서 개최되었다. 한국은 호주와 최종 예선 결승전에서 만났다. 한국은 1969년에도 호주에게 져서 본선에 나가지 못했기 때문에 호주는 꼭 이겨야 할 팀이었다. 두 팀은 홈 앤드 어웨이 방식으로 경기를 치렀는데, 먼저 호주에서 열린 어웨이 경기는 0대0 무승부로 끝이 났다. 그래도 상대적으로 불리한 어웨이 경기에서 절반의 성공을 거둔 셈이었다. 이제 서울 홈경기에서 이기면 꿈에 그리던 본선에 나갈 수 있었다. 마침내 동대문 운동장에서 홈경기가 열렸다. 그런데 한국 대표팀은 두 골이나 앞서가다가 동점골을 내주고 말았고, 경기는 결국 무승부로 끝났다. 이후 최종 결정전은 제3국인 홍콩에서 열렸는데, 한국 대표팀은 통한의 한 골을 허용하여 호주에게 무릎을 꿇고 말았다. 이렇게 월드컵 본선의 꿈은 또 다시 물거품이 되고 말았다. 우리 같은 월드컵 키즈들에게 그때의 실망은 하늘이 무너지는 큰 슬픔이었다. 그것도 2대0으로 이기던 경기를 내주었으니 그 실망은 더 컸다. 그 해 우리는 베켄바우어가 맹활약을 펼쳐 우승한 서독팀의 경기를 보며 아쉬움을 달래야 했다.

콩나물 교실

초등학교에 입학할 당시 내가 다니던 학교는 총 다섯 학급이었다. 그러다가 2학년 때 삼청 국민학교가 폐교되면서 오후반이 생겼다. 오후반이 생겼지만 우리는 여느 때처럼 오전에 학교에 갔다. 그리고 학교 뒤편 작은 운동장에 모여 '찐뽕'이라는 경기를 했는데 연식 정구공으로 하는 일종의 소프트볼 경기였다. 말랑말랑한 고무공을 왼손으로 토스해서 오른손을 야구 배트삼아 힘껏 치면 공은 마치 배트에 맞은 것처럼 날아간다. 힘과 스피드가 좋은 아이들은 공을 외야까지 날릴 수 있었다. 내 기억 속의 오후반 아이들은 이렇게 매일 일찍 학교에 가서 반 친구들과 공놀이를 하며 오전반이 끝나기를 기다렸다.

숫기가 있는 아이들은 여자아이들과 함께 놀기도 했는데, '우리집에 왜 왔니?'라는 노래를 부르면서 친구를 한 명씩 데려가는 놀이를 주로 했다. 이 놀이는 일단 네댓 명씩 편을 나눈 다음 어깨동무를 하고 상대편의 친구를 불러내는 단순한 놀이였다. 하지만 여자아이들이 남자아이의 이름을 불러주는 것 자체가 기분이 좋았다. 아이나 어른이나 이성에 대한 감정은 변하지 않는 법이다.

우리가 중학교 갈 당시 중학교 입시는 이미 사라졌으나 부모님들의 머릿속에는 과거의 명문 중학교에 입학시키려는 교육열이 여전했다. 그렇다 보니 고학년으로 올라갈수록 주변 사립 국민학교에서 전학을 오는 아이들이 하나 둘씩 늘어갔다. 사립 국민학교 주변에는 이른바 명문 중학교가 없었기 때문이다. 그렇게 교실은 점점 더 콩나물 시루가 되어 갔고, 결국 60

1970년의 재동국민학교의 애국조회 모습. 1958년 개띠가 6학년 때니까 아마 이 때가 재학생이 제일 많았을 때가 아닌가 싶다. 베이비부머들이 다 모였다. 나도 저기 어딘가에 있을 것이다.

명씩 다섯 반으로 시작했던 우리 학년은 졸업할 즈음에는 80명씩 여덟 반이 되어 있었다. 그러나 지금도 만나는 고등학교 동기들의 이야기를 들어보니 이 정도는 아주 양반이었다. 이문동에서 국민학교에 다니던 친구는 한 반에 90여 명이었다고 한다. 이 정도면 기네스북에 오를 만도 하다.

그렇다면 어떻게 이렇게 많은 아이들이 교실에서 공부를 할 수 있었을까? 나는 초등학교 시절의 내 키를 역산해 보았다. 중1 때 키가 143센티미터였고 중2 때는 150센티미터였으니 6학년 때는 커봤자 137센티미터 정도였을 것이다. 지금 초등학생들의 키로 치면 초등학교 1~2학년 정도

1978년 국민학교의 모습이다. 베이비부머 세대의 막내인 1963년생이 졸업한 해가 1976년이니까 위 사진 속의 아이들은 그 다음에 태어난 아이들이다. 하지만 여전히 교실은 콩나물 교실이다. 한 교실에서 두 학급이 공부하는 교실임을 알 수 있다.

밖에 안 된다. 다시 말해 비록 내 키가 작았지만 80~90여 명이 공부하던 6학년 교실은 지금으로 치면 초등학교 1~2학년 교실과 비슷했다는 말이다. 키가 작아서 콩나물 교실이 가능했다는 이야기일 수도 있다. 어쨌든 우리는 한 반에서 80여 명씩 공부를 하며 중학교로 진학했다.

1970년대 초중반 국민학교의 급식 시간. 내가 다니던 학교도 영양 급식을 실시하던 학교였는데 메뉴로는 옥수수빵과 된장국 그리고 따끈한 분유 한 잔이었다. 맨 앞 남학생의 체육복에 교동 국민학교의 교표가 선명하게 보인다. 교동은 한때는 800명이 넘던 신입생이 2013년도에는 15명 남짓으로 줄었다고 한다. 현재 서울에서 신입생 수가 가장 적은 학교가 됐다.

친구여 안녕!

남녀칠세부동석, 우리 부모님 세대뿐만 아니라 '새 나라의 어린이'인 베이비부머들도 이 풍습에 갇혀 살았다. '우리 집에 왜 왔니?'라는 노래를 부르며 놀던 여자 짝꿍들은 4학년까지만 함께 공부할 수 있었다. 그렇다고 남자아이들이 여자아이들에게 관심을 딱 끊은 것은 아니었다.

대개 남자아이들은 축구를 하고 놀았지만 마음은 여자아이들의 고무줄놀이에 가 있는 경우가 많았다. 짓궂은 놈들은 고무줄을 잘라서 여자아이들의 원성을 사고, 그중의 몇 놈은 '아이스케키'를 하며 여자아이들을 괴롭혔다. 뒤에서 여자아이들의 치마를 위로 올리며 '아이스케키!'라고 소리를 친 뒤 그대로 줄행랑을 치는 못된 짓이었지만, 구경하던 우리는 누구도 그 '원흉'을 나무라지 않았다. 지금이라면 성희롱 학생으로 엄벌을 받았을 것이다.

초등학교 6년 동안 함께했던 짝에 대한 기억은 가물가물하다. 그중 몇몇은 이름도 생각이 나지만 가장 기억에 남는 짝은 4학년 때의 여자 짝이다. 당시 담임 선생님은 나이가 꽤 드신 여자 선생님이셨다. 엉덩이까지 오는 초록색의 가운을 입으시고, 머리는 단정하게 묶고 다니셨는데 매우 엄격한 분이셨다. 여자아이들은 여름에 민소매 옷도 입을 수 없었다.

4학년까지는 남녀 합반이었던 까닭에 내 짝도 여자 친구였다. 그런데 담임 선생님께서는 1주일마다 짝을 바꾸는 시스템을 도입하셨다. 1주일에 한 번 남자아이들은 뒷자리로 물러앉고, 여자아이들은 앞자리로 앉는 방식이었다. 그렇게 하면 1주일마다 새 여자 친구와 짝이 되었다.

　그런데 몇 주 뒤에 내 짝이 될 여자아이 중에는 사립학교에서 전학을 온 아이가 하나 있었다. 아버지가 국회의원이었고 담임 선생님도 그 집에 저녁 초대를 받고 온 뒤에 부모님이 훌륭하다며 아이들 앞에서 칭찬을 아끼지 않았다. 나는 몇 주 뒤에 내 짝이 될 그 친구가 솔직히 부담되었다. 그런데 그 진짜 이유는 아버지의 직업이나 부유한 집안이 아니라, 그 아이의 키가 나보다 많이 컸기 때문이었다. 본래 여자아이들은 남자아이들보다 성장이 빠르기 때문에 또래의 남자아이들보다 큰 아이가 많았다. 키는 작았지만 자존심이 센 나로서는 그 점이 받아들이기 힘들었다. 결국 나는 선생님이 도입한 물레방아 시스템 때문에 키가 큰 여자아이와 1주일간 짝이 되었다. 하지만 평소의 내 성격상 그 짝꿍에게 살갑게 대하지는 않았을 것 같다. 이렇게 초등학교에서 여자 짝에 대한 추억은 막을 내렸다.

　그러나 이런 애틋한 마음도 사춘기가 막 시작되는 6학년이 되니까 어느새 사라져 버렸다. 그러던 중에 학교에 다녀오신 어머니께서 하시는 말씀이 내가 남녀 혼성반에 편성되었다는 것이다. 사건의 자초지종은 이러했다. 본래 남녀반을 고르게 나누기 위해서는 정원이 맞아야 하는데 남녀반이 반씩 남았다. 결국 차선책으로 6학년 반중에서 한 반을 남녀 혼성반으로 편성하기로 했는데 내가 그 반이라는 것이었다. 6학년까지 나를 데리고 가려던 담임 선생님의 의도 때문이었던 것 같았다. 하지만 나는 어머니에게 떼를 쓰며 혼성반에는 절대 안 가겠다고 고집을 부렸다. 자식 이기는 부모가 없듯이 어머니는 다시 학교에 가서 나를 남자반으로 바꿔주셨다.

  하지만 지금 생각해 보면 정말 멍청한 짓을 한 것 같다. 좋은 추억을 만들 수 있는 기회를 스스로 버렸다는 후회도 든다. 인생은 본래 후회의 연속이고 중요한 선택의 순간을 놓치는 경우가 많은 법이다. 지금도 혼성반 친구들의 이야기를 들으면 그 친구들이 부럽기만 하다. 이렇게 우리는 이성에 대한 관심을 가지는 것을 이상하게 여기던 그야말로 이상한 시대에 어린 시절을 보냈다.

아빠하고 나하고 만든 꽃밭에

"아빠하고 나하고 만든 꽃밭에
채송화도 봉숭아도 한창입니다
아빠가 매어 놓은 새끼줄 따라
나팔꽃도 어울리게 피었습니다."

노래와 기억은 밀접한 관계에 있다. 어떤 노래를 어떤 상황에서 불렀는지 당시의 추억과 오버랩되기 마련이다. 이 노래는 4학년 때 불렀던 노래인데 멜로디와 가사가 서글픈 곡이다. 그런데 국민학교를 졸업한 뒤에도 이 노래와 한 친구가 계속 머릿속을 떠나지 않았다.

아버지가 돌아가셔서 어머니와 살던 친구가 있었다. 아마도 이 노래를 부를 때 담임 선생님이 친구의 아픈 사연을 이야기해 주셨던 것 같다. 그 후 나는 이 노래만 들으면 그 친구가 생각났고, 항상 가슴이 저며 오는 느낌이었다.

그렇게 세월이 흘렀다. 마흔이 다 되어 초등학교 친구들을 우연히 만나고, 또는 물어물어 연락처를 알아내 만나게 되었다. 함께 만나던 초등학교 동창 중에는 A도 있었다. 그런데 A의 이름이 왠지 낯익었다. A는 5학년 때 전학을 가서 우리와 함께 졸업을 하지는 않았다고 했다. 우리 학교에는 전학을 오는 친구가 훨씬 많지만 가끔은 전학을 가는 친구도 있었다. 그래서 그 친구들은 졸업 앨범에서는 찾을 수가 없고 머릿속의 기억으로만 남아 있다.

어느 날 나는 A를 비롯한 여러 명의 초등학교 친구들을 만났다. 그런데 그때 갑자기 동요 〈꽃밭에서〉가 머리에 떠올랐다. 그리고 그 노래의 주인공이 A라는 확신이 들어 그 친구에게 혹시 아버지가 일찍 돌아가시지 않았냐고 물어 봤다. 바로 그 친구였다. 자기도 그 노래를 많이 불렀다고 했다. 내 기억 속 깊은 곳에 자리 잡고 있던 그 추억이 기억 밖으로 나오는 순간이었다. 그리고 멋있게 자란 그 친구를 만난 뒤 그 노래는 내게 더 이상 가슴이 저며 오는 슬픈 곡이 아니었다. 알고 보니 그 친구는 나와 같은 대학을 다녔다고 했다.

우리는 자신이 기억하는 인연만이 그 전부라고 생각하지만, 아마도 우리의 기억에서 지워졌거나 잊힌 기억들이 훨씬 더 많을 것이다. 내가 알고 있었던 사람을 알아보지 못하는 경우도 있으니, 진실로 내가 알고 있는 것은 무엇일까?

〈꽃밭에서〉의 2절 가사는 이렇다. "애들 하고 재밌게 뛰어 놀다가 아빠 생각 나서 꽃을 봅니다. 아빠는 꽃 보며 살자 그랬죠. 날보고 꽃같이 살자 그랬죠." 4학년 때 이 노래를 늘 불렀던 그 친구는 얼마나 슬펐을까?

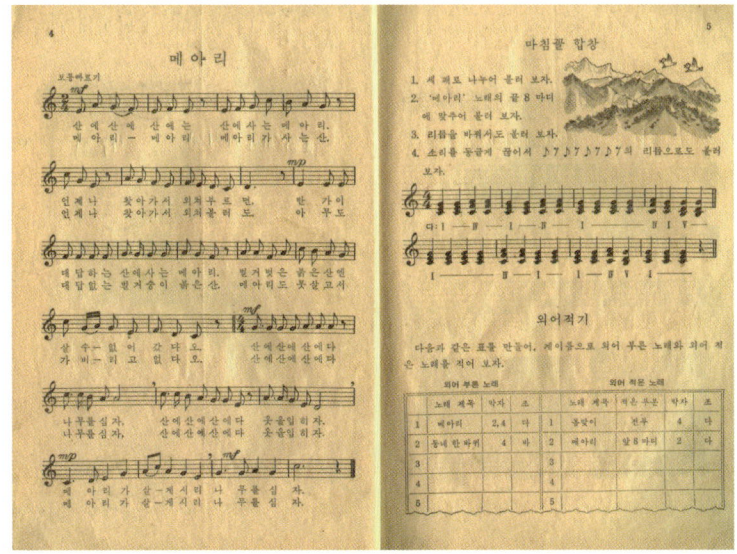

5학년 음악 교과서에 실린 동요 〈메아리〉. 우리 시대의 절대 명제는 '산림녹화'였다. 오죽하면 메아리마저 "벌거벗은 붉은 산에 살 수 없어 갔다오"라는 가사가 동요에 나올까? 요즘에 고속도로를 달리다 보면 정말 산에 나무가 많다는 것을 느끼지만 당시에는 나무를 많이 심어야 한다는 강박관념 속에 살았다.

추억의 음악 시간

초등학교에는 중학교처럼 음악실이 따로 없었다. 노래를 부르려면 풍금이 필요했지만, 각 교실에는 풍금이 항상 준비되어 있지 않았다. 그래서 음악시간이면 남학생들은 풍금을 들어 날랐다. 4학년까지는 여자 선생님이라서 풍금을 잘 치셨지만 남자 선생님들이 풍금을 연주한다는 것은 상상이 되지 않았다. 더욱이 5학년 선생님은 체육을 전공하신 분이라 음악 시간이 더욱 궁금했다. 하지만 그 선생님의 풍금 실력은 수준급이었다. 지금부터 우리가 초등학교 때 배운 노래 중에서 아직도 노랫말과 멜로디가 기억나는 노래들을 적어보고자 한다.

"좋은 책 벗 삼아 정답게 지내자
 너도 나도 똑바로 책과 사귀자
 앉기도 똑바로 읽기도 똑바로
 마음들도 똑바로 몸도 똑바로."

2학년에 올라간 동네 형으로부터 배운 노래인데, 주옥같은 동요를 많이 쓰신 윤석중 선생의 작품이다. 책 읽는 습관을 가져야 한다는 것을 노래로 가르쳐 주었다.

"나는 나는 갈 테야
연못으로 갈 테야
동그라미 그리러
연못으로 갈 테야."

이 가사는 시적 이미지를 함축한 아름다운 노랫말로 이루어져 있지만 지금 보니 가사의 내용이 다소 무섭기도 하다. '연못으로 간다'는 구절이 조금은 섬뜩하기도 하지만 어린 시절 좋아했던 동요이다.

"고향 땅이 여기서 얼마나 되나
푸른 하늘 끝 닿은 저기가 거긴가
아카시아 흰꽃이 바람에 날리니
고향에도 지금쯤 뻐꾹새 울겠네."

이 노래는 1956년 처음으로 교과서에 실린 노래라고 한다. 우리가 1970년대 초반까지 이 노래를 불렀으니 명곡 중에 손꼽히는 곡이라고 할 수 있다. 본래 이 노래는 6·25 사변 후 실향민들의 애환을 그린 노래였다. 멜로디와 가사가 서정적인 곡이라 많은 사랑을 받았던 노래이다.

"낮에 놀다 두고 온 나뭇잎 배는
　엄마 곁에 누워도 생각이 나요
　푸른 달과 흰 구름 둥실 떠가는
　연못에서 살살 떠다니겠죠."

이 노래를 부를 때도 그랬지만 수십 년이 지난 지금도 이 노래를 들으면 어머니의 팔베개가 생각난다. 지금도 그리운 어머니가 떠오르는 그런 노래이다.

"아름다운 종소리가 새벽 종소리가
　날아와 앉는다, 내 귓가에
　민들레 꽃씨가 바람에 흩날리듯
　종 속에서 쏟아지는 새벽 종소리
　땡 땡 땡 땡."

요즘에는 새벽에 종을 치면 수면 방해죄로 금방 고발될 테지만, 이 노래에는 아름다운 종소리로 묘사되고 있다. 새마을 운동 노래에도 나오는 새벽종은 근면과 희망의 상징이었을 것이다.

"냉냉냉냉 냉냉냉냉
　길 가다 다칠라
　한눈 팔지 말아라
　사고장이 말썽장이
　따르릉 따르릉 붕붕붕."

　이 노래는 전차가 한창 달릴 무렵에 만들어진 노래라고 한다. 전차와는 큰 인연이 없는 1961년생들도 여전히 이 노래를 불렀다. 보행자가 알아서 조심해서 통행하라는 내용을 담고 있다. 보행자가 잠재적 '사고장이' 혹은 '말썽장이'로 묘사되고 있다.

"하얀 눈 위에 구두 발자욱
　바둑이와 같이 간 구두 발자욱
　누가 누가 새벽길 떠나갔나
　외로운 산길에 구두 발자욱."

　네 줄밖에 안 되는 가사지만 함축적인 내용이 많은 것을 생각하게 만든다. 도대체 무슨 이유로 새벽에 눈길을 떠난 것일까? 노래를 부르면서 눈이 내린 시골의 그림이 머릿속에 그려진다. 서정성이 물씬 풍기는 가사를 담고 있는 노래이다.

먼저 간 친구들

내가 살던 원서동 집의 앞집에는 나보다 두 살이 많은 형이 살고 있었는데 성이 노씨라서 우리는 '노가리 형'이라고 불렀다. 어린 시절 노씨들의 별명은 대개 '노가리'가 된다. 그 형과 친하진 않았지만 앞집이라 자주 골목에서 마주쳤다. 그런데 그 형의 집에는 아버지가 보이지 않았다. 나중에 알고 봤더니 아버지가 다른 집에서 살고 있었다. 우리 아버지 세대는 대개 1920년대에서 1930년대에 태어나신 분들이다. 그런데 이분들이 어린 시절을 보낼 때는 큰집과 작은집을 동시에 거느렸던 분들이 꽤 있었다. 지금으로서는 상상이 가지 않지만, 우리 세대는 이런 인습의 끝자락에서 살았던 것이다. 앞에서 말했던 재벌 총수의 친아들이었던 친구도 이런 인습의 희생양이었다.

초등학교를 졸업하고 수십 년이 지나서 동창들을 만나면 친구들의 근황에 대해서 이야기하기 마련이다. 그 이야기 중에서 우리의 가슴을 가장 아프게 하는 것은 몇몇 친구들이 벌써 세상을 떠났다는 소식이었다. 그것도 어린 나이에 세상을 떠났다는 것이다.

한 친구가 있었다. 나와는 6년 동안 한 번도 같은 반을 해본 적이 없기 때문에 친한 친구는 아니었지만, 이름이 워낙 특이하고 총명해서 모두들 그 친구를 잘 기억하고 있었다. 그런데 장년이 되어 만난 동창회에서 그 친구가 세상을 떠났다는 소식을 들었다. 그것도 중학교 시절에 세상을 떠났다고 했다.

친구의 집은 유복했다. 대부분의 친구들이 한옥에 살고 있었지만 그 친구는 양옥집에 살고 있었다. 밝고 명랑했던 친구에게 불행이 다가온 것은 중학교 시절이었다고 한다. 자신의 친어머니가 집에서 일을 돕던 유모 아줌마였다는 사실을 알게 된 것이다. 현실이 픽션보다 더 사실적이라고 했던가? 어떻게 그런 일이 일어날 수 있었는지 그 시대를 살았던 어른들에게는 이해될 수 있었던 부분이었을지 모른다. 하지만 한창 사춘기를 지나고 있던 친구에게는 도저히 받아들일 수 없는 현실이었을 것이다. 그 후, 이 친구는 본드에 손을 대고 결국 세상을 떠나고 말았다. 기성세대의 잘못을 고스란히 사춘기의 중학생이 떠안고 세상을 떠난 것이다.

또 한 친구는 할아버지 산소에 가서 세상을 떠났다. 초등학교 시절 유난히 몸집이 통통했던 친구는 평생 자신의 외모가 한이 되었나 보다. 지금처럼 뚱뚱한 사람이 많지 않던 시절이라서 그랬을까? 그 친구는 그렇게 20대의 젊은 생애를 마감했다. 지금도 동창들을 만나면 그 친구들을 생각하며 소주잔을 기울인다.

남북통일이 되는 줄 알다

1972년 7월 4일 5학년 시절의 어느 더운 여름 날, 각 교실에 붙어 있는 작은 스피커에서 교장 선생님의 말씀이 흘러나오기 시작했다. 대개 비 오는 날 애국조회를 못하는 경우 교장 선생님은 이 스피커를 통해서 훈시를 하시곤 했지만, 이 날은 비가 오지도 않았고 애국조회가 있는 날도 아니었다. 그날의 교장 선생님 말씀이 자세히 기억나지 않지만 7·4 남북공동선언에 대한 말씀이었다. 학교에서 북한군을 이리나 승냥이로 묘사하던 시절, 북한 — 그때는 북한이 아니라 북괴였다 — 과 무슨 공동선언을 했다는 것 자체가 어린 우리에게도 충격이었지만, 교장 선생님이 좋은 일이라고 하시니 우리도 그렇게 생각했다.

그 후 서울 시민의 생활에는 많은 변화가 생겼다. 하루는 담임 선생님께서 우리들에게 집에 가서 모든 전구를 다 켜놓으라고 말씀하셨다. 그날이 북한 적십자 대표단이 서울에 오는 날이었는데 정부가 서울의 야경을 멋지게 보이고 싶어서 그랬던 것이다. 나중에 성인이 되서 안 사실이지만

1960년대까지는 남북한의 경제력이 비슷하거나 오히려 북한이 다소 앞서 있었다고 한다. 하지만 철저한 반공 교육을 받은 우리는 북한 하면 으레 거지들이 우글거리는 곳으로 생각하였다. 남한이 북한보다 잘사는 나라라는 사실을 알리고 싶었던 정부는 북한 대표단이 오기 전에 서울의 거리 모습을 정비하기 시작했다. 그 후, 시내 가게들의 간판도 새 것으로 바뀌고 거리도 말끔해졌다.

7·4 남북공동선언으로 남북이 대결의 관계에서 밀월의 시기로 들어가는 듯했다. 그러나 그 해 가을 10월 유신이 터졌다. 우리가 태어나던 1961년 5·16 쿠데타로 정권을 잡은 박정희 대통령의 이른바 친위 쿠데타였지만 당시로서는 큰 일이 난 줄 알았다. 게다가 5학년 초등학생이 무엇을 알았겠는가?

하지만 지금도 생각나는 것이 하나 있다. 초등학교 시절 우리의 우상이었던 신동우 화백 — 우리의 영웅 〈홍길동〉의 그분이다 — 이 그린 10월 유신 홍보 포스터가 기억난다. 골목마다 도배를 하다시피 했던 그 포스터에는 몸에 맞지 않는 큰 양복을 입은 한국인이 그려져 있었는데, 그 의미는 이러했다. 본래 민주주의라는 것은 서양 사람들이 만든 제도인데 한국인에게는 잘 안 맞을 수도 있다. 그러므로 옷이 크면 몸에 맞춰 입어야 하는 것처럼, 민주주의도 우리의 실정에 맞게 고쳐야 한다는 것이었다. 어린 내가 봐도 무엇을 전달하려는지 그 의도는 알 수 있었다. 나는 순진하게 정말 우리 실정에 맞는 좋은 제도를 도입하는 것이라고 생각했다. 그 제도가 체육관에서 종신 대통령을 선출하는 것이라는 사실은 중학교에 들어간 다음에야 알았다.

이후 남북 관계는 화해와 반목이 반복되었다. 무슨 선언이 그렇게 많았는지 중학교 시험에서 외울 것만 잔뜩 생겨났다. 하지만 그러한 통치 행위가 정권의 연장을 위한 것이었다고 할지라도 한국전쟁의 상흔을 안고 살던 당시의 사람들에게 통일이라는 이상의 꿈을 심어 주기에 충분했다.

북한은 국가인가?

10월 유신이 공표되던 1972년 여름, 서독의 뮌헨에서는 하계 올림픽이 열렸다. 이미 우주 중계 시대가 열렸던 때였으므로 그 해에 열렸던 올림픽 중계는 집안에서 TV로 시청할 수 있었다. 뮌헨 올림픽은 내가 태어나서 처음으로 기억하는 올림픽이다.

당시 서독과 동독은 우리나라처럼 분단국가였기 때문에 서독에서 열리는 올림픽은 국민들에게 큰 관심사였다. 게다가 이 대회에서 재일동포 출신의 오승립 선수가 유도에서 은메달을 땄다. 그런데 분한 것은 이미 예선에서 이겼던 일본 선수가 패자부활전에서 살아나 그만 결승전에서 아쉽게 패한 것이다.

　북한은 이 대회에서 건국 후 처음으로 금메달을 땄다. 하지만 북한이 금메달을 땄다는 기사는 국내에 잘 보도되지 않았다. 모든 분야에서 경쟁하던 남북한의 신경전이 사실의 보도조차 막은 것이다. 이후 남북한 선수들은 각종 국제 대회에서 죽기 살기로 경기에서 싸웠다. 지금은 경제력이 비교가 안 되지만, 당시에는 북한과 남한이 고만고만했기 때문이었다.

　우리는 북한이 정통성을 가진 국가라는 교육을 받지 않고 자란 세대이다. 1948년 유엔이 승인한 유일한 합법 정부가 남한이기 때문에 북한은 유엔의 승인을 받지 못한 정부라고 교과서에 설명되어 있었다. 그런 북한이 국제 대회에서 금메달을 획득하여 국기가 게양되고 국가도 울렸으니 정부로서도 보여주기 싫은 장면이었을 것이다.

　서로의 실체를 인정하지 않고 상대방을 비방만 하던 시절이었으니 남북관계는 개선될 조짐이 보이지 않던 시절이었다. 그러던 중 1968년 1월 김신조 사건이 터졌다. 영화 〈쉬리〉처럼 북한의 특수부대인 124군 부대가 청와대를 급습하기 위해 휴전선을 뚫고 내려온 것이다. 북한산 비봉 능선을 타고 내려온 특수부대는 자하문 근처에서 발각되자 군경에 총기를 난사하면서 도주하였다. 얼마 전에 북악산에 산행을 갔더니 당시의 치열한 교전을 증거하는 바위가 그대로 보존되어 있었다. 당시 유일하게 살아남은 북한의 특수부대 요원 김신조 씨는 생포되어 나중에 목회자가 되었다. 이후 우리 정부도 극비리에 특수부대 요원을 실미도에서 양성했지만 그 결말은 영화처럼 끝이 났다.

김신조 사건이 일어난 지 1년도 되지 않아 이번에는 강원도 한 시골 소년이 무장공비들에게 무참히 살해된 사건이 일어났다. 그 유명한 반공소년 이승복 사건이다. 1968년에 일어난 이 사건은 평화롭게 살던 산골 사람들을 천인공노할 공비들이 살해한 사건이었는데, 끝까지 공산당이 싫다며 반항한 이승복 어린이는 훗날 전국의 초등학교에 동상으로 세워졌다. 1980년대 이후 민주화 사회가 되면서 이 사건의 진실을 규명하자는 움직임도 있었지만 유야무야되고 말았다.

1960년대 말부터 1970년대 초반까지 초등학교를 다녔던 베이비부머의 초등학교 시절은 이렇게 지나가고 있었다. 무시무시한 북한의 무장공비들이 대통령의 안방 근처까지 쳐들어갔는가 하면, 선량한 양민이 학살되는 살벌한 시대였다. 하지만 사는 모습은 모두 비슷했다. 크게 잘 사는 사람도 많지 않았고, 모두들 빈곤에서 벗어나려고 열심히 일했고, 북한에 대한 콤플렉스를 떨쳐 버리려고 부단히 애를 쓰던 시절이었다.

1969년 승공반공 결의대회의 모습. 아마 간첩을 잡은 국군의 퍼포먼스 같다. 1970년대에는 승공보다 더 강한 '멸공'이란 말이 등장한다. 어린 시절 공산당은 이승복 학생의 절규를 통하여 강렬하게 머릿속에 각인되었다.

4장
검정 교복과 모자

중학교에 들어가다

나는 중학교에 올라갈 때 안국동에 있는 수송 중학교에 배정을 받았다. 지금은 그 일대가 재개발되어 고층 건물의 숲으로 변해 버렸지만, 예전에는 안국동에서 교보빌딩 뒤쪽으로 이어지는 길에 수송, 중동, 숙명 등 여러 학교가 있었다. 지금은 헐린 한국일보사 타워 건물이 중학교 교사와 마주 보고 있었으며, 한국일보사 옆에는 일본대사관이 있었다. 요즘 한창 뉴스에 나오는 위안부 소녀의 동상이 있는 자리가 나의 중학교 모교 자리이다.

베이비부머들에게 중학교에 들어가는 것은 단순히 새로운 학교에 올라가는 것이 아니었다. 아마도 소년기에서 청소년기로 넘어가는 가장 중요한 통과의례가 아니었을까? 먼저 우리는 중학교에 입학하기 전에 머리를 삭발했다. 요즘 TV를 보면 사찰에서 수양을 하는 동자승처럼 머리를 깎았다. 그러고는 일본 순사 같은 검정색 교복을 입었다. 이런 교복이 일제 강점기의 잔재라는 것은 물론 그 뒤에 알았지만, 당시의 대통령이 일본에서 사관학교까지 마친 사람이었으니 교복 자율화를 실시한다는 것은 고양이 목에 방울을 다는 격이 아니었을까?

당시 수송 중학교에는 훌륭한 실내 체육관이 있어 그곳에서 입학식이 열렸는데, 고등학교 밴드부의 연주에 맞춰 입학식이 진행되었다. 풍금에 맞춰 감상적으로 졸업식 노래를 부르던 초등학교와는 전혀 다른 분위기였다. 갑자기 나이 어린 군인이 된 기분이었다고 할까, 아니면 내가 하루 아침에 소년기를 접고 씩씩한 청년이 된 기분이었다고나 할까? 하지만 입학할 때의 키가 143센티미터로 건강기록부에 적힌 것을 보면 나는 아직 꼬마에 불과했다.

반 배정을 받아 교실에 들어가 보니 우선 아이들의 숫자가 초등학교 때보다 적었다. 한 반에 70명밖에(?) 안 되었던 것이다. 그리고 담임 선생님이 모든 과목을 가르쳐 주던 초등학교와는 달리 한 과목만 수업을 하셨다. 1학년 담임 선생님은 국사를 맡으셨던 분이었는데, 국사는 1학년 때 없던 과목이라 학생 지도만 하셨다.

중학교에는 신기한 시설도 많았다. 목조 건물이었던 초등학교와 달리 현대식 콘크리트 건물이었던 교사의 지하에는 매점도 있었고, 무엇보다 신기한 것은 이발소도 있었다. 그리고 교문 오른편 옛 교사 1층에는 짜장면을 팔던 식당도 있었다. 편의 시설이라고는 매점조차 없던 초등학교와 비교하면 중학교는 말 그대로 별천지였다.

초등학교 급우들은 모두 동네 친구들이었지만 중학교의 급우들은 학교로부터 멀리 떨어진 곳에서 통학하기도 했다. 특히 서대문구에 거주하는 학생들이 많았는데 아마도 당시에는 그 동네에 중학교가 많지 않았기 때문이었을 것이다. 지금 생각해 보면 응암동을 비롯한 서대문구 지역이 새로운 택지 지구로 개발되어 많은 주택이 보급되었는데 학교는 턱없이 부족했던 것 같다.

중학교에 입학해서 우리는 먼저 교가를 배웠다. 신기한 것은 교가의 가사 중에 '……전기는 이 세기의 모든 원동력……'이라는 소절이 있었다는 것이다. 알고 보니 수송 중학교와 함께 교사를 사용하던 고등학교가 전기공업 고등학교였기 때문이었다. 지금으로 치면 특목고인데 경제개발이 최우선이었던 시절이라 실업계 고등학교들이 우후죽순처럼 생겨난 결과였다. 당시의 거리에는 온통 경제개발을 장려하는 표어들이 가득했고, 중학교의 교가도 조국의 근대화라는 대명제 앞에서는 예외일 수 없었다.

군사 문화에 젖기 시작하다

지금은 초등학교에서 중학교에 진학을 하더라도 그다지 많은 변화가 없고 교과 과정이 전문화되는 정도이지만 1970년대 중학교는 그렇지 않았다. 일단 머리를 스님처럼 밀어야 했는데, 앞머리를 몇 센티미터 기를 수 있는 이른바 스포츠형 머리도 허락되지 않았다. 스포츠형 머리는 고등학생에게만 허용되었다. 그리고 무엇보다 불편한 것은 일제강점기의 순사복 같은 검정색 동복이었다. 칼라의 후크를 채우고 오른쪽에는 학교 배지, 왼쪽에는 아라비아 숫자의 학년 배지를 달았는데, 학년 배지는 고등학교에 진학하면 로마 숫자로 바뀌었다. 왼쪽 가슴에는 큼지막한 한글 명찰을 달았는데, 재봉틀로 이름을 새기는 기술자 아저씨들의 손놀림은 신기하기만 했다. 그런데 이런 복장으로는 외부에 나가 함부로 행동을 할 수 없었다. 학교, 학년, 이름이 적힌 교복을 입고 이른바 '불량한 짓'을 어떻게 할 수 있겠는가? 물론 조숙한 아이들은 학교가 끝나면 사복으로 갈아입고 종로 등지로 나가기도 했다.

  3월에 입학을 했지만 이른 봄 날씨는 쌀쌀했다. 아이들은 추위도 막을 겸 교복 속에 체육복 상의를 즐겨 입었다. 왜냐하면 교복 위에 코트를 입는 것도 규정 위반이기 때문이었다. 하지만 여고생들은 코트를 입었던 것 같다. 당시에는 지금처럼 오리털 파카 같은 것도 없었고, 변변한 외투도 없던 시절이라 우리는 그렇게 추운 봄을 견디며 학교에 다녔다. 그런데 막상 동복을 입으면서 가장 불편했던 것은 동복 다음에 춘추복을 입는 것이 아니라, 바로 하복을 입었다는 사실이다. 여학생들은 긴소매의 춘추복이 있었지만 남학생들은 추위를 막아 주던 동복에서 남방셔츠에 불과한 반소매의 하복을 입어야 했다. 그러다 보니 5월 하순경까지 두꺼운 동복을 입어야 했다. 그래도 누구 하나 불평하는 학생이 없었다. 그게 정상인 줄 알았다.

　체육 시간은 본격적인 병영 생활의 시작이었다. 제식 훈련과 다름이 없는 줄서기, 선착순 달리기 등 열세 살의 까까머리 중학생들은 이미 군인이 되어 있었다. 반장은 마치 소대장처럼 전체 몇 명, 결석 몇 명 등 인원 보고를 체육 선생님에게 큰 소리로 보고했다. 이렇게 우리는 이미 군대 문화에 익숙해져 있었다.

　우리가 중학교를 다니던 시절에는 체력장이라는 일종의 체력검정 시험이 있었다. '체력은 국력이다'라는 기치 아래 중고등학생들의 체력을 향상시키는 것이 그 목표였다. 체력장의 종목으로는 왕복 달리기, 윗몸 일으키기, 1,000미터 달리기 등 다양한 종목이 있었다. 그중에서 가장 특이한 것은 수류탄 던지기였다. 철심에 고무를 씌워 만든 모형 수류탄을 멀리 던지는 종목이었다. 중1 때 내 키가 143센티였으니 수류탄을 멀리 던지려고 애쓰던 꼬마의 모습이 눈에 선하다.

　학교에 등교를 하려면 먼저 정문에 양쪽으로 도열해 있는 규율부 터널을 무사히 지나야 했다. 목의 후크는 제대로 채웠는지, 경찰모와 유사한 모자는 잘 눌러 썼는지, 혹시 바지를 나팔바지 모양으로 불법 수선을 하지 않았는지 규율부 형들이 매서운 눈으로 검사를 했다. 그중에서 가장

베이비부머 중학생들이 등교하는 모습. 규율부 학생들이 양쪽에 늘어서서 복장과 두발 규칙을 위반한 학생들이 있는지 살피고 있다. 교문에 들어서는 순간 거수 경례를 하는 모습이 사진에 잡혔다. 군부대에 들어가는 군인들과 무슨 차이가 있을까? 1976년 중동 중학교의 등교 모습이다.

주의 깊게 본 것은 두발이었다. 머리를 지나치게 기른 학생들이 주로 규율부에게 잡혔다. 학생부 선생님은 이발소에서 사용하는 바리캉으로 아이들의 머리에 시원한 고속도로를 내주었는데 지금으로 치면 펑크 헤어 스타일이 되는 셈이다. 이렇게 우리들의 병영(?) 생활은 시작되었다.

개헌만이 살길이다!

5학년 때인 1972년 10월 유신이 선포되었지만 초등학생에게는 무엇이 어떻게 변하는지 알 길이 없었다. 단지 국회의원도 아닌 낯선 '통일주체국민회의'라는 것이 생겨난 정도밖에 기억에 없다. 그런데 도대체 통일주체국민회의라는 집단이 무엇을 하는지 몰랐는데 나중에 장충체육관에서 대통령을 선출하는 것을 보고 알았다. 내가 대통령 선거에 민감했던 것은 정치적인 관심이 있어서가 아니라 우표 수집에 관심이 많았기 때문이다. 기념 우표 중에서 박정희 대통령의 취임 우표는 다른 우표에 비해 인기가 많았다.

원서동 집에서 안국동의 수송 중학교까지는 걸어서 15분 정도밖에 걸리지 않았다. 집을 나와 계동으로 돌아 내려오면 왼쪽에 휘문 고등학교가 있었고, 조금 더 내려오면 계산한의원이 나오는데 여기부터는 율곡로를 따라 재동 네거리를 거쳐 안국동 로터리로 가면 된다. 중앙 고등학교 응원가에 나오는 '계산'이 바로 계동이다. 지금은 안국역이 있는 네거리를 우리 때는 재동 네거리라고 불렀다. 왼쪽으로 내려가면 가톨릭 의대가 있던 낙원동 방향이고, 오른쪽으로 올라가면 창덕여고와 재동 국민학교가 나온다. 재동 네거리에서 안국동 방향으로 가면 풍문여고 앞의 안국동 로터리가 나오는데, 인사동으로 내려가는 초입에 신민당사가 있었다.

　1974년에 나는 중학교 1학년이었는데 매일 신민당사 앞을 지나 학교로 갔다. 그런데 어느 날 신민당사 정면에 큰 현수막이 내걸렸다. '개헌만이 살길이다!' 아니, 그렇게 좋다고 선전하던 한국식 민주주의에 의해 새 대통령이 선출되었는데 신민당은 목숨을 걸고 개헌을 해야 한다고 주장하고 있었다. 어린 중학생이 무엇을 알겠는가? 그래도 나는 그해 봄 신민당사에서 4·19 특별 사진전을 보았는데, 마산의 김주열 열사가 철사로 손발이 묶인 채 떠오른 처참한 시신을 보고 충격을 받기도 했다. 어쨌든 개헌을 운운할 수 있었던 것으로 봐서 그 당시에는 무시무시한 긴급조치가 발효되기 전이었나 보다.

　그해 문세광이 국립극장에서 육영수 여사를 저격하는 사건이 일어났다. 수송 중학교 뒤편에는 일본 대사관이 있었는데, 대통령 영부인의 저격에 분노한 시위대들이 일본 대사관에 몰려들었다. 나는 그때 난생 처음으로 최루탄의 매운 맛을 보았다. 하지만 6년 뒤인 '서울의 봄'에서 터졌던 최루탄에 비하면 양반이었다.

　유신 헌법이 발효된 뒤에 반장 선거에도 변화가 생겼다. 중학교 1학년이던 1974년을 마지막으로 급우들이 선출하던 반장 선거제도가 사라진 것이다. 2학년에 올라가니 학기 초인데도 반장 선거를 할 기미가 보이지

교복이 획일적인 일제강점기의 잔재라는 점도 퇴출해야 할 이유였지만, 당시의 학생들은 전혀 의식하지 못하고 있었다. 사진은 혜화동 로터리에 봉사활동을 나온 고등학생들의 모습이다. 사진 설명에는 1966년 5월 29일이라고 적혀 있는데 아직도 까만 동복을 입은 학생들이 보인다. 이게 바로 춘추복이 없었던 남학생들의 비극이었다. 5월 말이면 초여름인데 한겨울 동복을 입고 있다니……

않았다. 어느 날 한 학생이 자기가 반장이 되었다고 소개를 했다. 담임 선생님이 지명을 한 것이다. 나라의 대통령도 직선제가 아닌 체육관 선거를 통해 선출하는데, 중고등학교의 반장도 같은 방식으로 선출해야 한다는 것이 당시 정부의 교육 정책이었다. 그 후 우리는 고등학교를 졸업할 때까지 반장 후보 추천, 정견 발표, 투표 같은 민주주의의 기본 제도를 잊고 살았다. 민주주의의 부활은 대학 1학년인 1980년 '서울의 봄'까지 기다려야 했다.

1972년 박정희 대통령은 10월 유신을 선포하고 전국에 비상계엄령을 내렸다. 광화문 앞에 주둔한 수도경비사령부 탱크와 경복궁으로 소풍을 온 초등학생들의 행렬이 보인다. 당시에는 10월 유신이 구국의 결단이라고 생각했다. 오른쪽 아래에 추억의 미니 삼륜차도 보인다.

10월 유신의 홍보 포스터. 만화 〈홍길동〉의 신동우 화백 작품이다. 베이비부머들에게 〈홍길동〉의 작가는 영웅이었다. 우리는 〈홍길동〉처럼 이 포스터도 그 메시지가 훌륭할 것이라고 믿고 있었다.

드디어 버스 타고 수학여행 가다

1970년 경서 중학교의 버스 사고 때문에 모든 초중고등학교의 수학여행은 대부분 금지되었지만 시간이 지나니 조금씩 다시 원상으로 돌아가고 있었다. 중학교 2학년 가을이 되자 우리는 드디어 버스를 타고 수학여행을 갈 수 있었다. 장소는 속리산이었고, 1박 2일밖에 되지 않았다. 전국에 관광지가 제대로 개발되지 않았던 시절, 우리 부모님 세대는 속리산으로 많이 놀러 갔다. 나야 고향이 청주라서 그랬는지 모르지만 집안 어른들이 속리산에서 찍은 사진을 자주 보던 터였다.

2학년 전체 학생 수는 70명씩 열두 반이었으까 총 840명이 열두 대의 버스에 나눠 타고 속리산으로 향했다. 물론 가정 형편이 넉넉하지 못한 친구들은 함께 가지 못했던 아픈 추억도 있다. 차 안에서 친구들과 노느라 어떤 길로 속리산에 갔는지 모르겠다. 단지 구불구불한 말티 고개를 넘을 때 담임 선생님께서 설명을 해주시던 기억만 난다. 우리는 여관에 짐을 풀었는데 저녁을 먹고도 늦게까지 잠을 자지 못했다. 왜냐하면 장난꾸러기 녀석들이 일찍 잠이 든 친구들의 옷을 벗기고 고추에 치약을 바르는 장난을 했기 때문이다. 그렇게 당하면 자다가 고추가 따가워서 그만 잠에서 깨고 만다. 어디든지 개구쟁이들은 있기 마련인가 보다.

지금도 그때 찍은 사진이 몇 장 남아 있는데, 법주사에서 찍은 사진들과 돌아올 때 아산 현충사에서 찍은 단체 사진이 있다. 현충사 이야기가 나와서 말이지만 1970년대 초 현충사는 대한민국의 성지와도 같은 곳이었다. 세종로 한가운데 이순신 장군의 동상이 세워지고, 현충사가 온 국민이 찾는 성지 비슷한 관광지가 된 것도, 나중에 알고 봤더니 박정희 대통령과 관련이 있었다. 어쨌든 그런 내막도 모르던 우리 같은 중학생들에게 현충사는 그저 즐거운 추억의 장소였다.

지금 생각해 보면 중학교 시절의 수학여행은 소풍 수준이었다. 휴대폰이나 mp3 플레이어가 없는 여행을 상상할 수 없는 요즘 아이들은 우리의 수학여행을 따분한 여행으로 생각할 것이다. 당시에는 사진기를 가져온 아이들이 반에서 많아야 두세 명이었으니 스마트폰을 들고 다니는 요즘 아이들은 이해하지 못할 것이다. 그래서 당시에 찍었던 흑백 사진들은 지금도 소중히 앨범 속에 보관하고 있다.

속리산을 떠나기 전 아침 겸 점심이 여관에서 나왔다. 메뉴는 비빔밥이었는데 그 전에 먹고 남은 밥에 나물을 섞은 것이었다. 어떤 아이들은 먹던 밥이 나왔다고 먹지 않기도 했지만 대부분은 그냥 먹었다. 우리나라의 경제 사정이 지금과는 하늘과 땅 차이였을 때의 이야기이다.

1968년 4월 27일 이순신 장군 동상 제막식. 뒤편의 미국 대사관은 그대로인데 오른쪽의 건물은 현재 KT 건물로 바뀌었다.

수군의 명장답게 충무공 동상 앞은 어린이들이 뛰노는 분수대로 바뀌었다. 1968년 사진과 비교해 보면 고층 건물이 충무공 동상을 굽어보는 형상으로 바뀌었다.

연합고사

중학교 3학년이 되니 연합고사를 준비해야 했다. 고등학교 입시가 없어진 것이 '58년 개띠'부터니까 우리는 연합고사 4기인 셈이다. 연합고사는 200점 만점이었는데, 그중에서 체력장이 20점이었다. 원칙적으로는 입학자격 시험이었지만 대부분의 학생들은 이 시험에 통과해야만 추첨으로 고등학교를 배정받았다. 말이 추첨이지 당시에는 '뺑뺑이'라고 했다. 아마도 예전에 은행 알을 넣은 통을 빙글빙글 돌리던 추첨 방식에서 그 이름이 유래한 것 같다.

고교 입시와 '58년 개띠'와는 인연이 깊다. 먼저 초등학교 동창 중에는 1958년생 형이나 누나 혹은 언니를 가진 친구들이 유난히 많았다. 우리와는 세 살 터울이니까 그러려니 했는데 알고 보니 '58년 개띠'들이 베이비부머 세대뿐만 아니라 한국의 전체 인구에서 차지하는 비중이 제일 크다고 한다. 게다가 58년 개띠들은 고등학교 무시험 1기생들이다. 박정희 대통령의 아들 때문에 고교 입시가 없어졌다는 것이 항간의 소문이었지만, 어쨌든 치열한 입시가 사라지고 처음으로 고등학교에 무시험으로 입학한 세대이다.

중학교까지는 본인이 원하는 학교에 무시험으로 진학할 수 있었지만,

고등학교부터는 연합고사를 통과해야 인문계 고등학교에 진학할 수 있었다. 물론 실업계 고등학교는 별도로 학생을 선발했다. 그런데 인문계 고등학교로 진학하려는 학생들이 많다 보니 부득이 연합고사 합격선에 미달인 학생들은 인문계 고등학교에 진학할 수 없었다. 처음으로 친구들 중에 자기가 원하는 고등학교에 갈 수 없는 아이들이 생겼다. 이때부터 우리는 인생에서 경쟁이 무엇인지 어렴풋이 느끼기 시작했다. 연합고사를 통과하지 못한 친구들 중 일부는 인문계 야간고등학교에 진학을 했다. 지금은 없어졌지만 당시에는 워낙 고등학교에 진학하려는 학생들이 많아 야간 고등학교도 학생들로 넘쳐났다.

    지금은 대학의 서열화가 고착되고 폐지된 고교 입시가 자율형 사립고라는 미명하에 부활되었지만, 우리가 학교를 다닐 적의 교육 환경은 지금처럼 획일화 또는 서열화되지 않았다. 초등학교 친구 중에는 공부를 정말 잘했지만 실업계 고등학교로 진학하는 친구들도 더러 있었는데, 지금처럼 대학 진학률이 높지 않았고 경제가 어려웠던 시절이라 그런 선택을 했으리라. 당시의 유명한 실업계 고등학교들은 인문계의 명문학교와 어깨를 나란히 하거나 오히려 그 이상이었다. 공부를 잘해도 실업계 고등학교에 진학을 하고, 지방 명문 국립대와 서울 소재 상위권 대학이 어깨를 나란히 하던 시절이 베이비부머들이 공부하던 학교 분위기였다.

타이밍 먹고 공부하다!

지금은 의사의 처방전이 없으면 감기약을 제외하고는 약국에서 조제를 할 수가 없다. 프랑스 유학 시절 대학 동기 친구는 코에 난 종기로 고생을 했다. 항생제를 구입해야 했는데 한국에서는 쉽게 구할 수 있는 항생제를 프랑스에서는 구할 수 없었다. 아무리 종기를 가리키며 약을 달라고 애원해도 약사는 묵묵부답이었다. 항생제는 의사의 처방전이 없으면 구할 수 없었던 것이다.

하지만 베이비부머들에게는 거칠 것이 없었다. 각자의 공부방이 없던 시절이라 시험 주간이 돌아오면 우리는 삼삼오오 동네 독서실로 발길을 돌렸다. 그러나 쏟아지는 잠 앞에 장사가 있을까? 천하장사 삼손도 잠든 사이에 머리카락이 잘리지 않았나? 공부를 하다 보면 누구나 졸린 법이다. 하지만 우리는 약국에서 구입한 비장의 약이 있었다. 이름 하여 타이밍. 나중에 알고 보니 각성제였다. 지금 같으면 처방전이 없으면 절대 구할 수 없는 약이다.

하지만 당시의 약국에서는 타이밍을 비롯한 대부분의 약들을 처방전 없이 판매하였다. 각성제도 예외는 아니었다. 우리는 이 약을 한 알씩 먹고 동네 독서실로 향했다. 역시 약효가 금방 드러났다. 밤을 새워도 졸리지 않았던 것이다.

    요즘 아이들은 시험 공부할 때는 카페인이 잔뜩 든 에너지 드링크를 입에 달고 산다고 들었다. 평소에도 물을 잘 마시지 않고 음료수를 마신다고 한다. 우리가 어렸을 적에는 콜라나 사이다가 유일한 음료수였다. 4학년 때 처음으로 '환타'가 시중에 나왔던 것 같고, 그 전에는 '탱가루'라고 불리던 오렌지향 분말을 찬물에 타 먹었다. 얼음을 동동 띄워 어머니께서 타 주시던 미숫가루도 맛있었다.

    타이밍에 대한 기억은 그 후 대학에 들어가서 다시 만들어졌다. 1980년대 초반 한창 데모를 하던 시절 민중 가요 중에 이런 노래가 있었다.

"사장님네 강아지는 감기 걸려서
포니 타고 병원으로 가신다는데
우리들은 타이밍 약 사다 먹고요
시다 신세 면할 날만 기다립니다."

    노동자들의 열악한 환경을 잘 보여 주는 노래이다. 1979년 마포의 신민당사를 점령했던 YH 무역의 여성노동자들이 아마 저 노래를 불렀을 듯싶다. 모든 일에는 전조라는 것이 있다. YH 사건, 김영삼 총재 제명 사건,

부마 사태 등 박정희 정권의 종말이 다가오고 있음을 알리고 있었다.

어쨌든 중학교 2학년 학생이 각성제를 먹고 공부하던 시절이었으니, 그 시절은 의사 약사 분업도 없던 시절이었고, 마음만 먹으면 각성제도 살 수 있었던 시절이었다.

1977년, 고등학교 입학

연합고사를 통과한 인문계 중학교 3학년은 고등학교에 진학했다. 그런데 고교 입시가 폐지된 지 얼마 되지 않던 시기라서 여전히 과거의 명문 고등학교에 자녀들을 보내려는 학부모들이 많았다. 그렇게 해서 만들어진 학군이 서울의 공동학군이다. 고교 입시가 있던 시절 최고 명문이었던 경기 고등학교가 1976년 삼성동으로 이전했지만 대부분의 명문 고등학교들은 사대문 안에 있었다. 내가 다니던 중학교는 안국동에 있었기 때문에 당연히 공동학군에 지원할 수 있었다. 물론 추첨을 해서 공동학군 고등학교를 배정받지 못하면 조금 멀리 떨어진 신설 학교에 다니는 수밖에 없었다.

나는 집에서 가장 가까운 휘문 고등학교에 배정을 받았다. 초등학교에 입학하기 전부터 동네 놀이터처럼 놀던 학교에 다니게 된 것이다. 휘문

봄 소풍을 가서 김밥을 맛있게 먹는 친구들. 졸업 앨범에서 가져왔는데 친구들의 순박한 표정들이 언제 봐도 좋다. 당시에는 김밥이 소풍 때만 먹을 수 있는 특식이었다.

고등학교는 집에서 걸어서 5분밖에 걸리지 않는 거리에 있었으니 컴퓨터가 정말 가장 가까운 고등학교를 배정해 준 것이다. 그러나 그것도 1년뿐, 내가 배정받은 휘문고는 경기고에 이어 강남으로 이미 이전이 확정된 학교였다. 이런 것을 보고 천당과 지옥을 동시에 맛봤다고 해야 하나?

입학식에 참석하기 위해 교문을 들어서는 순간 옛날 생각이 났다. 휘문고의 정문은 쇠창살로 만들었는데 창살 간격이 10센티미터에서 15센티미터 정도가 되었다. 휘문고의 운동장 인심은 퍽 좋은 편이어서 동네 아

낙원동에서 바라본 휘문고의 전경. 오른쪽에 중학교 교사와 본관인 희중당 그리고 강당이 보인다. 모교 교사는 볼재 위에 지어졌는데 학교 다닐 때는 맞은편의 고층 건물들 때문에 언덕 위에 교사가 있다는 느낌이 없었다. 사진은 1967년에 찍은 것인데 이 사진을 보니 교사들이 높은 언덕에 있었음을 알 수 있다. 왼쪽 건물은 운니동의 덕성여대 건물이다.

이들이 자주 들어가 놀았다. 그런데 어떤 때는 운동장을 개방하지 않는 날이 있었는데 그럴 때는 다른 방법을 강구하는 수밖에 없었다. 교문의 쇠창살 사이로 몸을 통과하여 들어가는 것이다. 초등학교 저학년 때이니까 덩치가 얼마나 작았을까? 우리는 '머리가 통과하면 다 통과한다'는 신념 하나로 교문의 쇠창살을 유유히 통과하여 운동장으로 들어갔다. 그렇게 어린 시절의 대부분을 놀이터 삼아 놀던 학교에 입학을 한 것이다.

입학식에서는 교장 선생님이셨던 민효기 선생님의 기억을 지울 수 없

1977년 헌인릉으로 가을 소풍을 가서 찍은 사진. 머리 스타일이 까까머리 중학생에서 스포츠형으로 바뀌었다. 이듬해 강남으로 이전하기 전에 사전 답사 형식으로 헌인릉까지 소풍을 간 것 같다. 양파 선생님, 참새 선생님 등 선생님들의 이름보다 별명이 더 자연스러웠던 시절이었다. 헌인릉은 이명박 전 대통령의 사저 부지 선정 문제로 구설수에 올랐던 내곡동에 있다.

다. 입학하기 한 해 전에 KBS 〈우리들의 세계〉라는 학교 탐방 프로그램에 출연하신 인기 만점의 교장 선생님이셨다. 안타깝게도 선생님은 우리가 입학하던 그 해 봄에 유명을 달리하셨다.

 입학식을 마치고 교실에 들어갔더니 학생 수가 60명이었다. 중학교 때보다 10명이 줄어 있었다. 담임 선생님이 자기소개를 하고 이름을 칠판에 적어 주셨다. 몇 해 전 졸업 30주년 때 모교에서 선생님을 뵈었는데 다소 연로하셨지만 예전의 따뜻한 모습이 그대로 남아 있으셨다. 하지만 제자들도 반백이 다 되어 있었다.

1978년 대치동 새 교사에서 실시된 교련 검열 사진. 정식 명칭은 '학도 호국단 검열 및 교련 사열'이라고 적혀 있다. 10대 청소년들이 소총을 메고 분열을 하고 있다. 교련 검열에 통과하려고 한 달 정도 매일같이 연습했던 것 같다.

같은 날 교련 사열이 끝나고 찍은 컬러 기념사진이다. 학도호국단 간부였던 친구가 보내주었다. 소대장을 비롯한 간부 학생들이 칼까지 차고 있다. 학교가 병영으로 바뀌었다.

고교얄개

　1954년에 처음 나온 조흔파 선생의 소설《얄개전》은 청소년들 사이에 베스트셀러였는데, 그 인기에 힘입어 1976년에 영화로 만들어졌다. 주인공은 이승현과 김정훈이었는데 이 두 배우는 나와 동갑인 '61년 소띠생'들이었다. 지금 보면 우리의 고교 시절에 대한 추억이 아련한 영화이다. 당시 우리들은 일제강점기의 순사 같은 검정 교복과 모자를 쓰고 다녔지만 마음만은 발랄한 10대 청소년들이었다. 모두들 대학에 진학을 하려는 꿈을 가지고 있었지만, 적어도 지금처럼 대학 입시가 인생을 결정하는 그런 분위기는 아니었다. 그렇다 보니 짓궂은 장난을 하는 친구도 여럿 있었다.

　고등학교 1학년 가을이었던 것 같다. 당시 휘문 고등학교는 그 다음 해에 강남으로 이전을 하기로 예정되어 있었다. 지금은 강남구 대치동이 서울 남부의 중심이지만, 1970년대 후반 만해도 논과 밭이 산재한 시골이었다. 강북의 학교가 허허벌판인 강남으로 이전을 한다고 하니 몇몇 동기들은 전학을 생각하고 있었다. 이 사건도 전학을 미끼로 일어났다.

　1학년 같은 반에 장난꾸러기 한 명이 있었다. 가을 어느 날 쉬는 시간에 교탁에 올라오더니 자기는 강남 교사로 가지 않고 강북의 다른 학교로 전학을 간다는 것이었다. 그래서 같은 반 급우들에게 작은 정성으로 짜장면을 한 그릇씩 쏠 테니 도시락을 준비하지 말라고 당부했다. 그 친구가 평소에 장난이 심한 것은 알고 있었지만, 그래도 전학을 가는 마당에 급우들을 많이 생각한다고 우리는 생각했다. 그리고 진짜로 60명 전원이 그 다음날 도시락을 가지고 오지 않았다. 그리고 복도에 나가 철가방들이 언제 교문을 통과해서 4층 1학년 교실까지 오나 목이 빠지게 기다렸다. 그러나 점심시간이 다 지나도록 철가방 행렬은 보이지 않았다. 그날 우리는 점심을 쫄딱 굶었다.

지금 생각하면 한 사람이 60명을 상대로 거짓말을 한다는 것은 어찌 보면 불가능해 보일지 모르지만, 온통 순진(?)한 놈들만 있었는지 우리는 단체로 점심을 굶었다. 어쨌든 '짜장면 늑대소년'은 보기 좋게 60명의 급우를 속였다. 물론 그 악동은 전학도 가지 않고 강남까지 학교를 다녔다. 나중에 들은 이야기지만 그 친구는 그 후 그런 기발한(?) 아이디어를 못 만들어서 사업에서는 성공하지 못했다고 한다. 한창 먹을 나이의 친구들을, 그것도 60명이나 굶게 만들었던 인과응보였을까?

두 번째 사건. 한번은 한문 시간에 새로운 한자를 응용해서 단어를 만들어 보라는 과제를 선생님이 주셨다. 당시 한문 선생님은 유일한 여자 선생님이셨다. 그날의 한자 중에는 '넓은 보(普)' 자가 있었는데 앞줄의

한 놈이 나가더니 '뜻 지(志)' 자를 써놓았다. 순간 교실 안에는 적막이 흘렀다. 선생님의 얼굴은 분기탱천, 하지만 곧 수업이 끝났다. 그날은 토요일이었는데 마지막 4교시였다. 문 밖에는 담임 선생님이 종례를 하기 위해 기다리고 계셨다. 한문 선생님은 나가면서 담임 선생님에게 뭐라고 말씀을 하시고 내려가셨다. 그 뒤에 어떻게 되었을까? 그날 오후 수업도 없었던지라 60명 전체는 운동장에서 열심히 선착순 뺑뺑이를 돌았다. 역시 남자는 말 한마디도 조심해야 되고, 한 글자를 쓰더라도 신중해야 하는 법을 배웠다. 그 친구는 지금은 보험회사에 다니고 있는데 얼마 전 동창 모임에서 생명보험 상품을 소개하면서 했던 말이 기억난다. "애들아, 이 생명보험은 자살해도 보험금이 나와!" 세월은 흘러도 사람은 하나도 안 변한다는 말이 진리인 것 같다.

강남으로 이사가다!

1970년대 당시 정부는 강북에 집중된 서울의 도시 기능을 분산시키려는 도시 계획안을 가지고 있었다. 그런데 한남대교 — 당시에는 제3한강교 — 를 건설하고 강남과 강북을 연결시켰지만 강남으로의 도시 분산은 좀처럼 실현되지 않고 있었다. 그러던 중 나온 정책이 강북의 명문고를 강남으로 이전시키는 것이었다.

제일 먼저 강남으로 교사를 이전한 학교는 경기 고등학교였다. 경기고는 1976년 봄에 지금의 삼성동 교사에서 첫 신입생을 맞이하였는데, 그 다음으로 이전을 한 학교가 휘문고였다. 우리가 2학년에 진급하던 1978년도에 휘문은 원서동 교사를 떠나 강남의 대치동에서 새 둥지를 틀었다. 학교의 미래 발전을 보고 정한 결정이었지만, 강북에서 학교를 다니던 우리에게는 서울에 있던 학교가 시골로 이전한 셈이었다.

1977년 원서동 교정에서 1학년을 보낸 우리는 1978년 2월부터 대치동 교사에서 학교를 다녔다. 말이 강남이지 허허벌판에 건물 몇 채와 간선도로만 뚫려 있는 시골 그 자체였다. 대치동 교사는 지금의 삼성역 네거리 근처의 언덕에 있었는데, 먼저 이사를 온 경기 고등학교와 마주 보고 있었다. 경기고와 휘문고 사이에는 넓은 들판이 있었는데 1970년대 중반 사진을 보니 온통 배추밭이었다. 이곳이 나중에 코엑스가 들어선 곳이다. 코엑스는 우리가 학교를 다녔던 1978년부터 기초 공사를 하고 있었는데, 지금은 코엑스 주변에 많은 건물이 들어서서 휘문고와 경기고의 교사는 보이지도 않는다.

당시 원서동에 살던 나는 통학 시간이 5분에서 1시간 30분대로 늘었다. 초등학교 시절부터 버스 타고 통학하는 것이 꿈이었던 내 소원이 이루어진 것이다. 그런데 하느님은 그 소원을 너무 세게 들어 주신 것 같았다. 당시 내 통학 코스는 이러했다. 시내버스를 타고 남산 제1호 터널을 지나 제3한강교를 지나면 왼쪽에 현대 아파트 쪽으로 노선버스가 들어간다. 버스는 다시 도산로를 지나 영동대로 쪽으로 우회전을 하는데, 지금은 왕복 14차선의 영동대로가 그때는 편도 1차선의 국도 같은 한적한 시골길이었다. 도산로를 지나 삼성동 경기 고등학교까지 올라가면 맞은편에 한국전력 건물이 있었다. 당시로는 꽤 높았던 건물이었는데 지금은 헐리고 초고층 주상복합 아파트가 한강을 굽어보고 있다. 버스는 이제 왕복 2차선의 길을 따라 지금의 삼성역 네거리에 이른다. 우리는 여기에서 하차하여 학교까지 걸어갔다. 왜냐하면 더 이상 영동대로 길은 남쪽으로 이어지지 않았기 때문이다. 논두렁 길 같은 좁은 길을 따라 올라가다 보면 왼편에 초가집도 보였다. 그때의 모습과 지금 모습을 비교해 보면 상전벽해란 말이 딱 맞는다.

당시에도 테헤란로는 강남 남부에서 동서를 가로지르는 간선도로였다. 그렇지만 지금의 삼성역에서 강남역까지 차로 달려봤자 딱 두 개의 랜드마크 건물밖에 없었다. 그중의 하나는 지금의 역삼동에 있었던 반도 유스호스텔이었다. 집에 보관 중인 주간지를 살펴보니 1974년 여름에 개업했다는 광고성 기사가 실려 있다. 당시로서는 유스호스텔이 뭔지도 모르던 시절이라 세인의 관심을 끌기에 충분했다. 그때는 강남이라는 말보다 '영동'이라는 말을 자주 사용했으므로 유스호스텔 같은 신개념의 숙박시설은 카바레, 디스코텍과 더불어 새로운 '영동 문화'의 아이콘이었을 것이다.

테헤란로의 두 번째 랜드마크 건물은 국기원 건물이었다. 물론 당시에는 강남역이 없었지만 강남역 4거리에서 역삼역 쪽으로 가다 보면 왼편의 언덕 위에 국기원이 있었다. 몇 해 전 큰 아이가 국기원 근처의 학원을 다녀서 수십 년 만에 다시 가 볼 기회가 있었는데, 국기원 건물은 고층 건물들 속에 조용히 둘러싸여 있었다.

당시 강남의 다른 랜드마크로는 지금의 교보 빌딩 자리에 있던 제일생명 빌딩, 강남 경찰서, 강남 소방서 등이었다. 지금은 도산대로 주변에 상업용 빌딩이 즐비하게 들어섰지만 우리가 학교를 다닐 때 그곳에는 고급 단독주택이 늘어서 있었다. 내가 어린 시절을 보낸 강북만 그 모습을 잃은 것이 아니고 고등학교 시절의 강남도 참 많이 변했다.

1978년 2월 25일 오후 2시에 찍힌 대치동의 휘문고 교사 모습. 봄 방학을 마치고 학생들이 하교하는 모습이 개미처럼 보인다. 오른쪽으로 가는 학생들은 지금의 삼성역 네거리 방향으로 가고 있는 중이다. 사교육의 1번지라 불리는 대치동이 이랬다. 대부분 강북에 살던 친구들은 통학하는데 정말 고생을 많이 했다. 사진 오른쪽 위에는 논밭도 보인다.

지상에서 바라본 대치동 교사의 전경. 위의 항공 사진에서 보이는 학교 건물 주변이 저런 벌판이었다.

1970년대 강남의 테헤란로 주변의 랜드마크들인 국기원과 반도 유스호스텔의 모습이다. 1978년 4월 2일에 찍은 사진이다. 왼쪽에 강남역 네거리가 보이고 반도 유스호스텔 앞의 역삼동 네거리는 아직 삼거리이다. 지금은 저 자리에 GS강남타워가 들어섰다.

1970년대 영동의 랜드마크였던 국기원은 지금은 빌딩숲 속에 숨어 버렸다. 사진 속의 A가 국기원이다. 왼쪽 구석이 강남역 네거리이다.

대치동에서 모내기를 하다

　강남으로 이사를 가던 첫 해였던 것으로 기억되는데, 지금은 은마 아파트가 강남을 대표하는 랜드마크이지만 우리가 학교를 다니던 시절 은마 아파트는 이제 막 기초 공사를 하고 있었다. 기초 공사를 위해 매일같이 기둥을 박느라 그 소음이 심했다. '이 먼곳에 아파트를 왜 지을까?', '도대체 누가 여기까지 와서 살까?' 하고 속으로 생각했지만, 부동산의 '부'자도 모르는 우리 같은 사람들과 앞을 보고 투자 혹은 투기를 하던 사람들과는 역시 생각하는 방식이 달랐다. 당시 대치동 교사 주변은 포장도 제대로 되지 않아서 비만 오면 진흙길로 변했고, 우리는 수업이 끝나면 모두 강북의 집으로 돌아가기 위해 사력을 다해 버스에 올라탔다. 그렇지만 부동산 투자에 혜안을 가지고 있던 사람들은 하나 둘씩 대치동으로 이사를 오고 있었다.

　당시 대치동 이남에는 논이 꽤 있었는데 농번기가 되면 학생들이 동원되기도 하였다. 우리 학교도 2학년 중에서 몇 반이 모내기에 동원되었다. 친한 친구가 이과반에 있었는데 자기 반이 근처 논의 모내기에 동원되었다는 것이다. 게다가 새참으로 나온 막걸리까지 한잔 했다는 것이다. 속으로 부럽기도 했고, 또 한편으로는 우리가 정말 시골에서 공부하고 있다는 생각도 들었다. 그때 논 한 마지기만 샀어도…….

　지금도 휘문 고등학교는 우리가 다녔던 그 자리에 서 있다. 예전에 학교 앞에 있던 돌산은 없어지고 건물이 들어섰는데, 거기에서 얼차려를 주시던 교련 선생님이 불현듯 생각난다. 배가 유난히 많이 나오신 분이 군복을 입었으니 그 모습은 웃음이 나왔으나 얼차려는 매서웠다. 중앙도서관 5층에서 남쪽을 바라보면 멀리 산이 보였는데 그때에는 그곳이 내가 아는 세상의 끝이라고 생각했다. 저 곳은 도대체 어디일까? 사람은 살고 있을까? 하지만 그곳은 더 이상 미지의 세계도 아니고 사람의 발길이 닿지 않는 곳도 아니다. 바로 작년에도 갔었던 강남의 대모산이었으니까…….

　어린 시절의 추억은 자신이 만들어 놓은 영역 속에 존재할 때 신비스럽고 애틋한 법인가 보다. 1970년대 말 내가 간직하고 있던 대치동의 추억은 도시화에 밀려 사라지고 그 신비스러움도 깨졌지만, 그래도 마음 한구석에 자리 잡고 있다.

1978년 2월에 찍힌 사진에는 강남 재건축의 상징인 은마 아파트의 모습이 보이지 않는다. 1979년 12월에 입주를 시작했다고 하니 내가 2학년이었던 1978년에는 위의 사진처럼 논이었을 것이다. 사진을 보니 모내기 봉사를 하러 갈 만하다.

우리가 모내기에 동원된 것처럼 당시의 고등학생들은 여러 곳에 불려 다녔다. 사진은 1977년 수해 복구 현장에 동원된 고등학생들의 모습이다. 교련복이 당시 우리에게는 작업복이었다.

광화문 연가

　교사는 강남으로 이전을 했지만 학원을 비롯한 사교육의 중심은 여전히 강북, 그중에서도 광화문과 종로였다. 당시 강남에는 영동고, 상문고, 은광여고, 진선여고 등 몇 개의 학교만 있었다. 게다가 강남에 거주하는 시민이 많지 않아 강북의 학생들이 강을 건너 황무지나 다름없는 강남에서 학교를 다니고 있었다. 물론 학원도 거의 없었다. 그렇다 보니 입시 학원을 다니러 강북까지 갈 수밖에 없었다. 나도 학교가 끝나기 무섭게 버스를 타고 광화문으로 자주 공부를 하러 다녔다.

　광화문은 당시 서울 시내 중고등학생들의 대부분이 한번쯤은 들르는 곳이었다. 나는 그곳에서 2년 동안 공부를 하느라 광화문에 자주 갔다. 그 시절 광화문은 세종문화회관이 개관을 하고 얼마 되지 않았던 때였고, 내가 자주 다니던 광화문 뒷골목은 학생들이 애용하던 당주당 같은 분식점으로 유명한 동네였다. 우리는 분식집에서 라면이나 냉면 등을 먹었고 식당은 주변 학교 학생들로 늘 만원이었다.

　새문안 교회 앞 신문로 길에는 레코드 가게가 많았다. 가게마다 인도를 향해 스피커를 설치했기 때문에 거리에서는 열린 음악회처럼 늘 음악이 흘러나왔다. 고3 겨울 즈음에는 당시 유행하던 〈아들린느를 위한 발라드〉

나 팬플루트 곡인 〈고독한 양치기〉 등의 연주곡이 언제나 거리에 흘러나왔다.

고2 때 한 친구가 이화여고 학생들과 미팅을 하는데 지원자를 물색한다고 했다. 성격이 외향적이지 않았던 나였지만 엉겁결에 광화문까지 나갔다. 한때는 서울 중심에서 학교를 다니던 학생이 서울 변두리 영동에서 도심까지 미팅을 하기 위해 원정을 오는 기분이었다. 그때 미팅을 했던 곳이 문화방송국 앞 경양식집 '이탈리아노'였는데, 당시에는 광화문에서 세련된 경양식집이었다. 지금 생각해도 그때 미팅을 하며 무엇을 먹었는지 혹은 누구랑 이야기를 했는지 기억도 없지만, 단지 함께 갔던 미팅 전우들만 머리에 맴돈다. 그중 한 친구는 대학을 마치고 곧바로 미국으로 이민을 가서 그곳에서 결혼을 하고 눌러 앉았다. 여러 번 동창회를 했어도 그 친구가 미국에서 무슨 일을 하는지 혹은 어디에 사는지 아는 친구가 없다. 아마 앞으로도 모를 것 같다.

우리 시절에는 낭만 비슷한 것이 있었다. 물론 우리도 입시의 가위에 눌리며 학창 시절을 보냈지만 지금의 아이들과 비교해 보면 훨씬 더 활기차고 꿈이 많았던 청소년기를 보낸 것 같다. 그 시절로 되돌아가라면 선뜻 그럴 수는 없겠지만 그렇기에 지난 시간은 더욱더 애잔해진다.

서울의 봄

　베이비부머 세대인 내가 태어난 해는 1961년인데, 알다시피 5·16 군사 쿠데타가 일어났던 해다. 61년생들이 대학에 들어가기까지 대통령은 오직 박정희 대통령이었으며 지금처럼 정권 교체란 말은 금기어였다. 그러나 역사는 한순간에 바뀐다고 했던가? 하루아침에 세상이 바뀌었다. 박정희 대통령이 암살되던 그 해 가을부터 대학에 들어갔던 이듬해 봄까지 한국 현대사는 말 그대로 요동치고 있었다. 그 사이 역사의 주인공도 바뀌었다. 전두환 소장이 실세라는 말이 이미 항간에 퍼졌고 그 소문은 사실로 드러났다.

　1980년 3월 초 나는 대학에 입학했다. 주위에서는 민주화의 시대에 입학한 80학번이야말로 복 받은 학번이라고 축하해 주었다. 캠퍼스는 유신의 암울한 시대가 끝나고 새봄이 오고 있음을 피부로 느끼고 있었다. 그러나 권위주의 시대에 너무 오랫동안 적응이 되어 살았기 때문일까? 사회 각 분야에서 그동안 막혔던 요구들이 한순간에 터져 나오고 말았다.

　이제 대학에 갓 들어온 대학 새내기에게도 변화의 바람은 비껴가지 않았다. 입학한 지 얼마 되지 않은 1학년 강의실에 2학년 선배 몇 명이 들어왔다. 대학의 운영 비리와 시국에 대하여 일장 연설을 늘어놓았다. 아직 세상 물정 모르던 새내기들에 대한 일종의 오리엔테이션 같은 것이었다. 우리는 그날부터 교내에서 밤을 새며 데모를 했다. 〈농민가〉, 〈정의가〉같이 노동계에서 부르던 민중가요 등을 배우고 밤을 새웠다. 난생 처음으로 새우잠을 자며 철야 농성도 해보았다.

3월 중순부터 캠퍼스에서는 병영 집체훈련을 거부하자는 운동이 주요 이슈로 떠올랐다. 박정희 정권 때 만들어진 병영 집체훈련이란 대학 신입생들을 열흘간 남한산성에 위치한 문무대에서 병영 훈련을 시키는 교육이었다. 민주화의 시대가 도래했다고 확신한 전국 대학들은 이 훈련을 거부하고 나섰다. 우리도 입소 자체를 거부하고 단체 행동에 나섰다. 그러다 결국은 학교 측과 타협을 이루어 문무대가 아닌 경북 영천의 3사관학교로 입소했다. 그때가 4월 중순 경이었던 것 같다. 3사관학교에 들어간 우리는 '서울의 봄' 덕분이었을까? 보이스카웃 학생들이 야영 체험을 하듯 9박 10일을 보냈다.

그 후의 이야기는 5·18로 이어지는 한국 현대사로 넘어간다. 천당과 지옥을 오가듯이 아마 61년생처럼 서울의 봄과 암흑의 시절을 동시에 맛본 세대도 없을 듯하다. 이렇게 격동의 한 세대를 살고 난 베이비부머 세대에게 또 다른 세상이 기다리고 있었다. 민주화, IMF, 금융 위기 등 새로운 세계가 그들을 기다리고 있었다.

글을 마치며

시대의 격동기를 숨 가쁘게 달려온 우리 베이비부머에게도 드디어 휴식의 시간이 찾아오고 있다. 아니, 일부는 이미 어쩔 수 없이 불안한 휴식의 시간을 보내고 있다. 베이비부머들의 은퇴가 이미 시작된 것이다.

베이비부머들이 누구인가? 1960년대에는 가구마다 평균 오형제 이상, 거기에 조부모님도 함께 살던 집이 많았다. 우리는 대가족 제도의 울타리에서 훈훈한 가족애를 느끼며 성장한 세대이다. 비록 물자는 풍족하지 못했고 위생 환경도 열악했지만, 함께 가난했던 시절이라 모든 것을 나눌 수 있었다. 골목에는 걸인들이 즐비했고, 문둥병 환자들이 구걸을 하던 시절이었으니 우리에게 어린 시절은 유쾌한 추억으로만 남아 있지는 않다. 집안에 식구들이 많다 보니 자기 방은 꿈도 꿀 수 없었기에 남산도서관과 사직도서관을 입시 공부방으로 생각했던 세대였다. 그렇지만 좋은 시절이 꼭 온다는 확신을 갖고 살던 세대였다.

어린 시절 나는 한 가지 다짐을 했다. 가부장적인 아버지의 모습을 내 아들에게는 다시는 물려주지 말자고. 아들과 자주 놀아 주지 않고 진지한 대화도 많이 하지 않았던 아버지, 그런 아버지를 보면서 나는 내 아들과는 절대 그렇게 되지 말자고 다짐을 했다. 그래서 아들 녀석이 초등학생일 때는 함께 열심히 공도 차고 여행도 자주 다녔다. 하지만 부자간의 관계는 시대가 지나도 변하지 않는 구석이 있나 보다. 아들이 중학교에 들어가자 나 역시 아버지 세대의 부자 관계로 돌아가고 말았다. 사춘기의 아들과 친해지기 어렵다는 사실을 깨달았던 것이다.

우리 모두는 아날로그의 시대를 산 사람들이다. 실시간 소통한다는 것은 집 전화밖에 없던 시절, 우리는 공부를 하다가도 다른 대학에 다니던 친구를 보고 싶으면 무조건 그 학교로 찾아갔다. 도서관을 이 잡듯이 뒤져 공부하고 있던 친구를 빼내 와서 선술집으로 직행했다. 물론 그 친구는 멀리서 온 나를 반갑게 맞아 주었다. 요즘처럼 물질 만능주의가 팽배하고 시간이 돈인 시절에는 상상하기 힘든 일이지만.

요즘은 모든 것이 실시간으로 연결된 유비쿼터스의 시대이지만, 미국 중심의 문화적 쏠림 현상은 다소 아쉬운 부분이다. 그러나 적어도 우리 베이비부머 세대가 살던 시대에는 그렇지 않았다. 실비 바르탕, 아다모, 밀바, 폴 모리아 악단 등 유럽의 대중음악이 팝송만큼 큰 인기를 누렸다. 다양한 대중문화를 접했던 베이비부머들이 훗날 한류 문화의 붐을 일으킨 선구자가 되었다는 주장은 조금은 비약일까?

우리가 살던 시절에는 형제간의 우애와 책임이 당연시되던 시절이었다. 집안의 맏이는 동생들의 교육을 위해 기꺼이 자신을 희생했으며, 동기간에도 조카들의 교육을 당연히 떠맡았다. 똑똑한 남동생을 위해 누나는 대학을 포기했고, 동생들도 집안 형편에 맞춰 상급 학교에 진학을 했다. 나보다는 형제를, 그리고 나보다는 부모를 생각하는 것이 당연시되던 시절이었다. 그것이 당시의 사회적 규범이었고 지금의 사회 모습과 비교하면 분명히 배울 것이 많았다.

우리가 중고등학교를 다닐 때도 입시 경쟁은 치열했다. 특히 1981년에 대학 정원이 두 배로 늘어나고 졸업정원제가 생겨나기 전까지 대학에 입학하기는 정말 어려웠다. 하지만 그런 상황에서도 우리는 꿈을 키우며 살았다. 내 경우만 해도 문과에 진학했지만 하늘의 별을 관측하는 것이 공부 이외의 가장 큰 즐거움이었다. 요즘 부모들이면 대학에 들어가는 데 전혀 보탬이 안 되는 일에 시간을 허비한다고 결단코 반대했을 것이다. 하지만 우리 부모님은 내게 한 번도 무엇을 하라고 강요하신 적이 없었다. 자식이 하는 일에 대해 철저하게 믿음으로 그냥 내버려두는 분들이셨다. 내 주변의 친구들도 나와 비슷한 환경에서 청소년기를 보냈다.

베이비부머 세대는 이 나라 근대화의 주역이었다. 나라가 없던 시절에 장년기를 보낸 부모님을 바라보며 자란 우리는 조국의 근대화라는 명제 앞에서는 모두가 한마음이었다. 오죽하면 〈잘살아 보세〉라는 국민 건전가요가 전국 방방곡곡에 메아리쳤을까. 어쨌든 우리나라는 잘사는 나라가 되었다. 하지만 목표를 성취하면 공허함이 남는 것일까? 앞만 보고 달려온 우리를 기다리는 것이 즐거운 것만은 아니었다. 고령화 사회가 베이비부머 세대의 복지를 가로막은 것이다.

이제 우리는 인생의 반환점을 돌았지만, 우리 자식 세대에게 혹시 짐을 남겨 주는 것은 아닐까 하는 노파심으로 산다. 그러다 보니 요즘은 세대 간의 갈등이 큰 이슈로 떠올랐다. 예전에는 젊은이들이 노인들을 모시는 것이 당연시되었지만, 요즘 아이들은 다르다. 왜 자기들이 노인들의 부담을 책임져야 하느냐고 따진다. 그럴 때면 돌아가신 부모님들이 하신 말씀이 생각난다. "너도 너랑 똑같은 자식 낳아 키워 봐라."

어린 시절의 꿈은 어서 나이가 들어 어른이 되는 것이었다. 설날이 되면 빳빳한 세뱃돈을 받는 것이 그렇게 신이 나서 맨날 설날만 같으면 좋겠다고 생각했다. 그러다가 나이가 들어가면서부터 그렇게 신이 났던 시절이 지나갔다. 중고등학교에 진학하면서 어린 시절의 동심은 사라졌으며, 철이 들면서 언제부터인가 나는 세상의 중심에서 치열한 삶을 살고 있는 사람이 되었다.

대학에 진학하고 유학을 마치고 돌아와 직장에 들어갔고, 그 사이에 결혼도 했다. 아이들이 그렇게 사랑스런 존재라는 사실을 알게 된 것은 아이들이 다 커 버린 다음이었다. 그래도 아버지 세대와는 다른 아버지가 되려고 노력한 것도 사실이다.

　20세기 초중반을 살다 가신 조부모 세대의 삶의 모습을 지켜보았고, 일제강점기와 한국 현대 사회의 격동기를 치열하게 사시다가 가신 부모님과 적지 않은 시간을 보냈던 우리 베이비부머들은 이제는 새로운 세대의 자식들과 함께 살고 있다.

　효도를 드렸던 마지막 세대면서 효도라는 것을 모르는 첫 번째 세대와 함께 살아야 하는 것이 우리 세대의 운명이다. 마치 1년의 끝과 시작을 함께 지켜보는 1월이 두 개의 얼굴을 가진 야누스(Janus)신에서 유래했듯이, 우리도 그렇게 중간에 낀 세대일지 모른다. 하지만 우리에게는 그 어떤 세대도 공유하지 못했던 소중한 추억과 동시에 신세대와 공감할 수 있는 세련된 감각도 동시에 가지고 있다. 컴퓨터를 몰랐던 부모 세대와는 달리 우리는 비록 그 출발은 늦었지만 '뭐든지 할 수 있다'라는 일념으로 모든 핸디캡을 극복했다.

　우리는 구세대와 신세대를 이어 주는 연결 고리와 같은 세대이다. 앞으로 세상이 어떻게 바뀔지는 모르지만 새로운 것이 항상 좋은 것만은 아니라는 사실을 알고 있고, 지난 시절을 살면서 '소중했던 것은 이런 것이다'라고 지금의 세대에게 자신 있게 말해 줄 수 있는 사람으로 살고 싶다.

에필로그, 아버지

아버지는 1921년생이시다. 나보다 정확히 마흔 살이 많으셨다. 우리 시대에는 아버지에 대한 이미지가 고정된 것이 하나 있다. 자기소개서에 단골로 등장했던 바로 이 문구, "저는 엄격하신 아버지와 인자하신 어머니 사이에서 2남 3녀 중 둘째로 태어났습니다." 우리 시대의 아버지의 모습을 이 한마디보다 더 정확하게 표현한 것이 있을까?

선친의 경우도 예외는 아니었다. 우리 세대를 '경제 성장의 키즈'라고 부르는데, 아버지께서 살아온 시대를 복기해 보면 한국 현대사의 축소판을 보는 것 같다. 아버지께서 태어나신 해는 한일 강제병합 11년째가 되던 해였으니까 식민지 지배에 어느 정도 익숙해졌을 무렵이었을 것이다. 할아버지께서는 돈을 벌기 위해 일본에 가셨기 때문에 아버지께서는 편모슬하에서 고등학교를 다니셨다. 아버지께서 고등학교를 졸업한 해가 1940년이다. 이때는 일본이 제2차 세계대전에 본격적으로 뛰어들었던 해였고, 학도병과 징용 등으로 이 땅의 젊은이들이 강제로 끌려가던 시절이었다. 아버지께서는 운이 좋게도 징병을 피할 수 있었고 스물 다섯이라는 젊은 나이에 해방을 맞았다.

결혼도 하시어 위로 아들을 둘이나 보셨지만 일찍이 두 아들을 잃었다.

해방 후 몇 해 뒤에 태어났으니 지금 그 형들이 살아 있다면 일흔을 바라보는 초로의 신사가 되었을 것이다. 물론 그 형들이 살았으면 나는 태어나지도 않았을 테지만…….

아버지께서 서른이 되던 해 6·25가 터졌다. 학도병도 비껴갔던 아버지의 운명에 또 다른 전쟁의 암운이 드리우던 순간이었다. 우리 가족은 여기저기에서 피난살이를 하다가 고향인 청주에 안착하였다. 돌이켜보면 아버지의 인생 역정은 한국 현대사의 굵직한 사건들과 중첩되어 있다. 제2차 세계대전, 해방, 6·25, 4·19, 5·16 등 아버지의 인생은 한편의 역사 교과서와 같았다.

편모슬하에서 10년 이상 어렵게 학업을 마친 아버지께서는 자식들에 대한 사랑이 깊으셨다. 우리 시대의 여느 아버지처럼 말씀이 적었지만 위엄이 있던 집안의 넉넉한 가장이셨다. 아버지의 깊은 마음을 안 것은 환갑이 넘고 초로의 노인이 되신 후였다. 아버지께 저런 모습이 있었는지 가끔씩 속으로 놀라기도 했지만, 또 한편으로는 아버지의 따뜻한 마음을 알게 되어 가슴이 뭉클하곤 했다.

어린 시절 무뚝뚝하고 아들과 놀아 주지 않던 아버지를 바라보며 이 다음에 나는 내 아들과 대화도 많이 하고 함께 많이 놀아 줘야지 다짐했었다. 하지만 군대에 간 큰 아이와 보낸 지난 시절을 돌이켜보면 그 약속은 잘 지켜지지 못했던 것 같다. 아버지와 아들은 동서고금을 통해 항상 가깝고도 먼 그런 관계인가 보다.

아버지께서 돌아가신 지 벌써 14년이 흘렀다. 큰 아이는 할아버지에 대한 추억이 있지만 작은 아이는 거의 기억이 없다. 언제인가 이런 생각을 한 적이 있다. 친부모와 처부모가 모두 생존해 계실 때, 그때만큼은 내가 가장 행복한 사람이라고 생각했다. 그러나 그 행복은 3년을 넘기지 못했다. 그래서 부모님 생전에 효도를 하라고 어른들은 말씀하셨나 보다.

아버지에 대한 글을 마치면서 왠지 어머니에 대한 감회도 적어야 될 듯싶다. 여덟 남매의 맏딸로 태어난 어머니는 동생들에게는 어머니 같은 분이셨다. 외할아버지께서 젊은 나이에 세상을 떠나셨기 때문에 어머니는 동생들을 돌봐야 하는 인생의 짐을 어깨에 지고 사셨다. 천성이 곱던 어머니는 화를 낼 줄 모르는 분이셨는데, 지금 생각해 봐도 어머니에게 혼을 나거나, 잔소리를 들어 본 적이 없다. 시부모를 모시는 것을 당연히 생각하던 시절, 어머니께서는 시댁의 군식구들도 아무런 불평 없이 당신 집에서 챙겨 주셨다. 자식들에게는 방을 못 주어도 서울에 유학이나 직장을 다니러 온 시댁 식구들에게는 방을 내주셨다. 그러면서도 아버지에게 시집살이 불평을 한 번도 하지 않으셨다.

그러던 어머니는 늦게 본 아들이 마련해 준 칠순 잔치를 받으시고 그 다음 해에 세상을 떠나셨다. 약주도 하지 않으셨는데 세월의 스트레스가 쌓이셨던 것 같다. 그만 암으로 세상을 일찍 떠나신 것이다. 세 누님들이 어머니에게 외손녀만 다섯 명을 안겨 주었는데, 처음으로 친손주를 보아 몹시 기뻐하셨던 어머니, 하지만 그 손주가 초등학교도 들어가기 전에 어머니는 세상을 떠나셨고, 아버지도 3년 후에 어머니의 뒤를 따라가셨다.

그리고 그 손주가 벌써 군대에 가서 올 겨울에는 제대를 한다. 요즘도 부모님을 모시고 외출하는 부부들을 보면 가슴이 찡해 온다. 지난주에 초등학교 동창 친구가 부모님을 자기 집으로 모셔가는 사진을 보니, 그 친구가 세상에서 제일 부러웠다. 부모님 생전에 효도를 하지 못한 것이 늘 가슴 한구석에 남아 나를 누른다.

옛날 사진을 보며

인터넷에서 찾은 주차 표지판 사진. 1960년대 초반 정도로 추정된다. '주차 금지'를 의미하는 순수한 한글 표지판 '차 못 둠'이 이채롭다. 기억에는 '둠'과 '섬'의 도로 표지판이 있었는데 '정차 금지'를 의미하는 '차 못 섬' 표지판은 아쉽게도 인터넷에서 찾지 못했다. 한글의 간결한 의미가 잘 살아 있는 표지판인데 안타깝게도 사라져 버렸다.

사라진 줄 알았던 '둠' 표지판이 대법원에서 아직도 사용 중이었다. 인터넷에서 찾은 이 사진은 2006년에 찍은 것이라고 한다. 역시 법원이야말로 가장 보수적인 곳임을 여실히 보여주고 있다.

대문 옆 콘크리트 붙박이 쓰레기통은 청소차가 골목에 들어와도 들고 갈 수 없다. 결국 사과 궤짝 등에 쓰레기를 퍼 담아 직접 들고 가야 한다. 당시에는 집에서 일하는 언니들을 쉽게 볼 수 있었다.

1967년 어느 날 북촌의 한 골목에서 꼬맹이들이 담에 기댄 채 사진사를 응시하고 있다. 사진 속의 아이들이 진짜 베이비부머들이다. 우리가 자랄 때는 골목마다 아이들로 넘쳐났다. 낮에 찍은 사진이라 언니와 형들은 다들 학교에 갔나 보다. 집집마다 콘크리트 쓰레기통이 보인다. 청소차가 들어와도 저 쓰레기통은 들고 갈 수가 없다. 퍼다 날라야 한다.

이 사진도 북촌 골목길의 모습인데 보도블럭이 아직 깔려 있지 않다. 사실 이때가 좋았다. 왜냐하면 보도블럭이 깔린 다음부터 우리는 골목에서 알령구리를 할 수 없었다. 알령구리 놀이는 십자가 모양으로 구멍을 네 개 판 다음 그곳에 구슬을 굴려 넣어야 다른 구멍으로 이동할 수 있는 구슬놀이의 일종이다. 섬세한 기술이 요구되던 베이비 부머 세대의 놀이였다.

1967년 개장한 사직 수영장에서 노는 베이비부머들. 변변한 놀이터도 없었던 시절 수영장은 최고의 놀이터였다. 학원에 갈 필요도 없었고 선행학습도 할 필요가 없었다. 모든 물자가 풍족하지 않던 시절이었지만 동심은 지금보다 더 순수했던 것 같다.

1960년대 말 서울의 주택가 모습. 기와집이 많던 북촌의 모습은 아니다. 특이한 것은 담 위에 쇠창살을 박아 놓은 모습이다. 먹고 살기 어렵던 시절이라 치안도 불안했던 모습을 잘 보여 준다. 경제적으로 넉넉하지 못한 집은 유리병을 깨서 담장 위에 박아 놓기도 했다.

서울 시내의 화장실을 비워 주는 분뇨수거 차의 모습. 재래식 화장실 분뇨를 수거하는 특수 차량이다. 사진에는 '베이컴 차'라고 설명되어 있다. 이 차가 나오기 전까지는 물지게에 두 개의 큰 통을 달아 그 통에 인분을 직접 퍼서 담았다. 인분을 수거하는 미화원들이 골목을 누빌 때는 조심해서 다녀야 했다. 자칫 부딪히면 상상을 초월하는 낭패! 시청 정면에 '서울의 품위를 높이 지키자'라는 표어가 보인다.

창덕궁의 정문인 돈화문에서 원남동 방향으로 가다 보면 단봉문이란 문이 나온다. 지금은 단봉문 앞부터 원남동 쪽으로 공원이 조성되어 있지만 예전에는 무허가 주택들이 들어서 있었다.

단봉문을 보며 찍은 창덕궁 돌담 길. 나무를 심어 놓아 45년 전의 모습을 잘 찾아볼 수 없다. 단봉문이 살짝 보인다.

창덕궁 단봉문의 모습. 왼쪽에 정문인 돈화문이 있다. 주로 왕족이나 친인척 및 상궁들이 출입하던 문이라고 한다.

1960년대 비원, 즉 창덕궁에는 많은 시설이 있다고 이야기한 바 있다. 프로레슬링 도장 사진은 못 찾았지만, 국가기록원에서 비원의 스케이트장 사진은 찾았다. 경복궁의 경회루나 향원지 스케이트장 사진은 흔하지만 비원 스케이트장 사진은 찾기 어렵다. 1963년에 찍은 사진이라고 한다. 나는 초등학교 1학년일 때 바로 위에 누님과 겨울 방학만 되면 저기에서 매일 스케이트를 탔다. 하지만 1970년대 중반 비원의 관람이 몇 년 불허된 적이 있었다. 그때 저 자리에 군사 시설을 지었다고 한다. 지금의 창덕궁 후원에 있었다.

일제강점기 때 광화문은 지금의 민속박물관 입구 쪽으로 밀려났다. 한 나라의 정궁을 철저히 파괴한 일본은 정문인 광화문을 이렇게 홀대했다. 한국 전쟁 때 폭격을 맞아 기단부와 홍예석만 남아 있고 누각은 파되되어 없다. 1968년 콘크리트로 광화문이 복원될 때까지 저 자리에 있었다.

예전에 광화문이 있던 자리. 지금은 민속박물관 입구가 되었다. 멀리 북악산과 옛 국립박물관이 보인다.

부모님 세대는 '단장의 미아리 고개'가 생각나고 베이비부머들에게는 '점보는 집'이 생각나는 곳. 1966년 미아리 고개에 고가도로가 놓였다. '우마차못다님'이라는 표지가 재미있다.

2012년, 똑같은 자리에서 찍은 미아리 고개 사진. 멀리 보이던 산들은 아파트 숲 뒤로 사라졌다.

1966년 아마도 초겨울의 명동 입구 모습 같다. 특이한 것은 당시에는 상업 광고판과 탑들이 시내 도처에 설치되어 있었다. 명동 입구가 마치 제약회사 입구같이 되어 버렸다. 어린 시절 즐겨 먹던 '해태캬라멜' 광고판도 보인다.

2013년 봄. 명동 입구의 모습. 인파로 북적댔던 거리는 자동차가 그 자리를 메웠다. 왼쪽의 편의점 건물은 옛날 사진에도 작은 2층 건물이었음을 알 수 있다.

지금은 장충동 남산 제2호 터널 입구에 있지만 류관순 열사의 동상은 본래 태평로에 있었다. 사진은 1970년 동상의 제막식 모습이다. 왼쪽이 삼성 본관 건물 자리이고, 멀리 서울 시청이 보인다. 현재 서울의 동상들은 거의 1960년대 말에서 1970년대 초반에 건립되었다.

왼쪽은 국립극장 가는 길, 오른쪽은 남산 제2호 터널 입구이다. 류관순 열사의 현주소를 보여준다. 1년에 저곳을 찾는 사람이 정말 몇 명이나 될까? 차라리 독립기념관이나 파고다공원으로 이전하는 것이 열사에 대한 최소한의 도리가 아닐까?

1966년에 개통된 무악재 도로. 중학교 시절만 해도 서대문구에 살던 급우들이 눈만 내리면 학교에 오지 못하였다.

지금의 무악재. 지하철역이 생겨서 이제는 눈 때문에 학교에 못 간다는 말을 할 수 없다.

1966년 베트남에 파병되는 백마부대의 시내 퍼레이드를 보러 거리를 메운 군중들. 왼쪽이 신신백화점이고 오른쪽이 화신백화점이다. 중앙청에서 파병 환송식을 마친 병사들이 종로2가까지 퍼레이드를 했다.

신신과 화신 두 백화점은 없어지고 현대식 건물이 들어선 종로2가 네거리. 19세기의 모습을 고스란히 간직하고 있는 파리와 비교하는 것 자체가 지나친 바람일까?

1966년 웨스트모얼랜드 주월미군 사령관이 육군 병원을 방문하여 TV세트를 기증하는 장면이다. 아마 베트남에서 부상당한 한국군을 위로하기 위함인 듯하다. 마치 요즘 TV 프로그램에서 아프리카 오지의 학교에 기자재를 기증하는 것 같다. 하지만 47년 후, 한국은 받는 나라에서 주는 나라가 되었다.

맨 앞 왼쪽의 어린이가 본문에서 나왔던 7촌 아저씨이다. 나이가 들면서 내 아버지를 '형님'이라고 불렀다. 맨 오른쪽에 걸터앉아 있는 꼬마가 필자. 당시에는 추운 겨울에 털모자를 쓰고 털바지를 입고 다녔다.

1955년 제26회 어린이날 행사 모습. 저 때는 어린이날이 법정 공휴일이 아니었다. 우리가 고등학교 때 교련 사열 받듯 운동장에 직선으로 그어진 줄 위에 일사불란하게 서 있다. 아이들의 집중력이 놀랍다. 효창운동장이 아니면 서울운동장이었을 듯싶다.

사진 속의 어르신들은 이미 고인이 되셨겠지만 그 미소만큼은 인자하기 그지없다. 1970년대 초반의 사진으로 추정된다. 손자인 베이비부머 세대들을 아껴 주시던 어르신들이다.

요즘 아이들은 사진 속의 학생들이 무엇을 하는지 모를 것이다. 하지만 베이비부머들은 주산대회라는 것을 금방 알 것이다. 초등학교 고학년으로 올라가면 거의 모든 학생들이 주판을 배웠다. 선생님이 "78원이요, 953원이요, 875원이요,…… 모든 더하면?" 사진 속의 7번 학생은 합산이 이미 끝난 모양이다. 사진은 1953년에 열린 전국학생주산대회의 모습이다.

1970년대 학원가의 모습. 아마 종로2가 YMCA 건물 뒤편의 학원인 듯하다. 많은 학생들이 대학에 가고 싶어 했으나 현실은 그렇지 못했다. 이 문제가 해결된 것은 1981년에 졸업정원제가 실시된 이후부터였다. 베이비부머의 막내격인 62·63년생은 운이 좋았다. 대학 정원이 2배 증원되고 거기에 졸업 정원 30%까지 곱하면 정원이 무려 2.6배나 늘어났다.

왼쪽의 '혜화 미장원' 때문에 사진 속의 전차는 혜화동 로타리에서 돈암동으로 넘어가는 전차라고 생각했다. 그렇다면 오른쪽에는 혜화동 성당이 있어야 하는데 2시 방향에는 다른 교회가 보인다. 며칠간 헤매다가 저 사진 속의 교회가 창신동의 동신교회라는 사실을 알았다. 냉장고가 집에 없던 시절이라 '얼음집'도 보인다. 1966년의 모습이다.

동대문에서 신설동으로 가는 길이 이렇게 넓어졌다. 오른쪽에 교회 첨탑이 보인다. 1966년 사진에 나왔던 그 교회이다.

옛 사진에 나왔던 교회의 현재 모습.

1960년대 중반, 서울의 야간노점 사진. 요즘으로 치면 포장마차이다. 거리에 불빛이 거의 보이지 않는다. 막걸리 주전자가 보이는 것으로 봐서 '왕대포' 한잔 걸치는 중인 듯하다.

1966년 8월 27일 중앙청에 집결한 백마부대 장병들. 월남 파병을 기념하는 국민환송대회의 모습이다. 저 가운데 일부는 다시는 고국 땅을 못 밟았을 것이다.

월남에서 순국한 장병들의 합동 안장식. 조국을 위해서 꽃다운 청춘을 바치신 분들이 있기에 오늘날 우리가 있는 것이 아닐까.

요즘 거리에서 볼 수 있는 교통카드 충전소의 모습이 1960년대 중반에는 저랬다. 당시에는 '버스'가 아니라 '뻐스'로 표기했다.

1960년대 난방은 대부분 연탄에 의존했다. 당시 연탄의 대명사 '삼표연탄' 직매소의 모습이다.

당시 가정에서는 구멍이 열아홉 개인 19공탄을 사용했는데 공장도 가격이 9원 50전 이내, 소매가가 11원 이내라고 적혀 있다. 지금은 연탄 한 장 가격이 500원 정도 하니까 연탄 값은 약 45배 올랐다.

1966년 처음 발행된 10원 주화의 모습. 저 동전 한 개면 삼립 크림빵 한 개를 사먹을 수 있었고, 19공탄 연탄을 한 장 살 수 있었다. 사진 속의 주화는 주화 수집을 하는 분의 것인데 미사용 상태이다. 저 정도의 상태면 20만 원 이상으로 거래된다고 한다.

1966년 한국을 공식 방문한 존슨 미국 대통령을 환영하러 남대문에 나온 여학생들. 아마 대통령이 지나갈 때 화관무를 추려고 준비 중인 것 같다. 고등학생으로 보이는데 지금은 환갑이 넘은 초로의 할머니가 되셨을 것이다.

존슨 미국 대통령을 기다리는 여고생의 순수한 미소.

중앙청에 걸린 존슨 대통령과 박정희 대통령의 대형 초상화. 근대화된 조국은 '증산', '수출', '건설'이란 세 단어로 압축되었다.

1967년 방한한 독일의 뤼브케 대통령을 환영하러 나온 학생들. 베이비부머 세대에게 이런 장면은 꽤 낯이 익다. 나도 미국의 포드 대통령과 가봉의 봉고 대통령을 환영하러 멀리 김포 공항 근처까지 간 적이 있다.

1960년대 후반, 서울에는 육교와 지하도가 우후죽순처럼 생겨나기 시작했다. 사진은 신세계 백화점과 중앙우체국을 연결해 주는 육교의 모습이다. 횡단보도 하나만 있으면 되는 것을 왜 저런 육교를 지었을까? 선풍기를 경품으로 내건 백화점의 광고가 눈에 띈다.

충무공 이순신 장군의 동상 제막식에 동원된 여고생들. 허리띠를 맨 상의로 보아 근처의 경기여고가 아닐까? 왼쪽에 시민회관이, 오른쪽에는 KT 건물이 들어섰다.

1966년에 문을 연 뉴서울 슈퍼마켓의 모습. 지금의 서소문 근린공원 근처에 있던 슈퍼마켓이다. 마치 북한의 백화점을 보는 것 같다.

새로 마련된 택시 승강장에서 승객들이 코로나 택시를 타려고 하고 있다. 지금은 신한은행에 흡수된 조흥은행 남대문지점이라는 표시가 보인다. 왼쪽 상단의 창문은 예전이나 지금이나 거의 모습이 같다.

47년 뒤 같은 장소에서 찍은 사진이다. 1966년 사진에는 조흥은행 남대문지점이라고 택시정류장에 적혀 있는데, 지금은 은행만 신한은행으로 바뀌고 건물은 살짝 리모델링되었다. 우리나라에서 가장 오래되었다는 은행도 세월의 부침 속에서 사라졌다.

구한말 정동에는 외국 공사관들이 많았다. 사진 속 오른편에는 러시아 공사관의 탑 건물이 보인다. 정동 일대에 저렇게 많은 판잣집이 있었다는 것이 믿어지지 않는다.

온통 주변이 판자촌이었던 정동 러시아 공사관의 탑은 지금도 공원 속에 그대로 남아 있다. 판잣집들을 굽어보던 탑은 이제 빌딩 속에 조용히 서 있다.

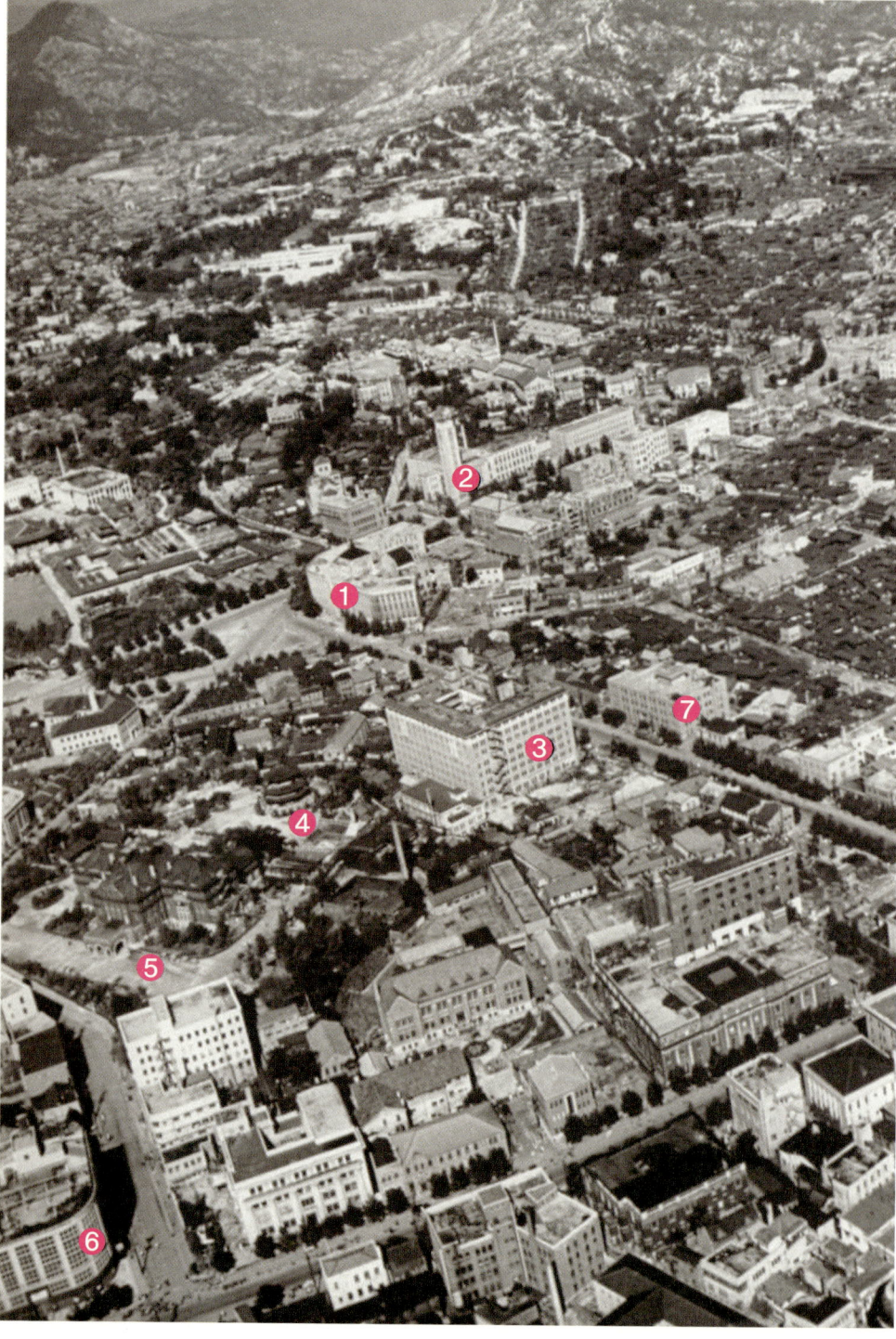

시민회관이 1961년에 건립되었는데 사진에는 보이지 않는 것으로 보아 그 이전에 찍은 사진이다. 미국의 시사잡지 《LIFE》에 실린 사진이다. 지금의 롯데 호텔 자리에 있던 반도 호텔도 보인다. 현재의 을지로와 종로에 기와집들이 저렇게 많았다. 종로 국민학교와 수송 국민학교도 한옥촌이 사라지면서 없어졌다.
(① 서울시청, ② 국회, ③ 반도 호텔, ④ 원구단, ⑤ 조선 호텔, ⑥ 미도파 백화점, ⑦ 미국 문화원, ⑧ 동아일보사, ⑨ 한국전력)

• 사진 출처

1. 서울 시청 멀티미디어 홈페이지 WOW 서울
   (http://wow.seoul.go.kr/photomap/main.jsp) :
   29쪽 상단, 36쪽, 40쪽 상단, 45쪽 상단, 46쪽 상단, 48쪽, 54쪽, 56쪽 상단, 57쪽 상단, 75쪽, 87쪽 상단, 87쪽 하단, 88쪽 하단, 115쪽 상단, 127쪽 상단, 127쪽 하단, 159쪽, 171쪽, 172쪽, 176쪽 상단, 214쪽, 215쪽, 216쪽, 217쪽, 218쪽, 219쪽, 220쪽 상단, 222쪽 상단, 223쪽 상단, 226쪽, 228쪽, 230쪽, 236쪽 상단, 237쪽 하단, 238쪽, 239쪽, 240쪽, 241쪽, 242쪽 상단, 243쪽 상단, 243쪽 하단, 244쪽, 245쪽, 246쪽, 247쪽, 248쪽, 249쪽 상단, 250쪽.

2. 국가기록원
   : 28쪽, 47쪽, 67쪽, 221쪽 하단, 234쪽, 224쪽, 232쪽 상단, 233쪽 상단.

3. 《사진으로 보는 한국 100년, 1876년~1978년》, 1978년, 동아일보사.
   : 140쪽, 141쪽, 233쪽 하단, 235쪽.

4. 서울특별시 항공사진 서비스(htt쪽://aerogis.seoul.go.kr)
   : 192쪽 상단, 193쪽 상단, 193쪽 하단, 196쪽 상단.

5. 네이버 지도
   : 46쪽, 49쪽, 56쪽 하단.

6. 다음 지도
   : 29쪽 하단, 41쪽 하단, 57쪽 하단, 89쪽, 115쪽, 176쪽 하단, 222쪽 하단, 223쪽 하단, 227쪽, 229쪽, 236쪽 하단, 249쪽 하단.